주여, 저를 이토록 사랑하셨습니까!

평강의 주님께서 친히

때마다 일마다

평강을 주시기를 기도하며

특별히 _____ 님께

이 소중한 책을

드립니다.

주여, 저를… 이토록… 사랑하셨습니까!

초진수 목사 지음

나침반

프롤로그

인간의 언어로는 설명할 수 없는
이 놀라운 현실 …

1978년 봄 어느 날.

나는 하나님이 놀라운 기적을 베풀어 주신다는 기도원에 올라갔지만 마음은 시큰둥했다. 그 이유는 기쁜 마음으로 간 것이 아니라, 큰 누님의 권유로 마지못해서 올라갔기 때문이다.

어머니는 오랜 동안 내가 목사가 되기를 소망하시며 하나님께 기도하셨지만, 나의 마음에는 큰 움직임이 없었다.

시간이 흐를수록 어머니의 기도는 더욱 간절해졌고, 나는 계속 불순종하게 되자 어머니와 나 사이에는 점점 심한 갈등이 생기게 되었다. 결국 나는 피할 길을 찾게 되었고 그것은 해외출국으로 결정되었다.

그러나 출국 20여일 전에 나는 큰 교통사고를 당하게 되었는데, 360일이 넘는 길고 긴 시간을 병원에 입원하며 깊은 죽음의 골짜기를 지나가야 했다. 그 당시 내가 몹시 견디기 어려웠던 것은 육체적인 고통 보다는, 왜 이런 혹독한 아픔이 갑자기 나의 삶 속에 찾아왔는가 하는 정신적인 고통이었다. 아무리 애를 쓰며 탈출구를 찾으려해도 시원한 해답은 보이지 않았다.

그러던 어느 날, 고집 센 내가 하나님 앞에 무릎을 꿇게 되는 사건이 생겼다.

배수술을 두 번하고 꿰맨 자국 속에 있는 인조실밥이 녹아야만 정상인데, 녹지 않으면서 계속 여러 곳에서 염증을 일으켰고 1년 동안 집중치료도 받았지만 현대의학은 아무런 소용이 없었다.

퇴원한 후에도 6개월 동안은 동네병원에서 치료를 받았다. 달라지는 것은 전혀 없었다. 물론 이 증세가 생명에 큰 지장을 주는 것은 아니었다. 그러나 매일 한 번씩 치료를 받아야 했는데, 만일 이 병이 계속 낫지를 않는다면 나의 인생은 평생동안 병원만 왔다 갔다 하다가 끝날 수도 있는 상황이였다. 결국, 나의 치료는 이제 〈신의 영역〉으로 옮겨지게 되었고 내가 선택 할 수 있는 방법은 오직 창조주 앞에 무릎을 꿇는 것 밖에는 없었다.

그러나, 나는 결코 그렇게 하고 싶지 않았다.
왜냐하면 하나님이 나를 목사로 선택 하셨다는 사실을 생각해 보면 고맙기도 한 일이지만, 당시엔 나에게 단 한마디의 상의도 없이 하나님 혼자서(?) 내 인생을 일방적으로 결정하신 사실이 별로 마음에 들지 않았기 때문 이였다.

더욱이 계속 불순종 하는 나를 무릎 꿇게 하기 위하여, 큰 교통 사고를 허락하셔서 말로 형언 할 수 없는 지독한 고통을 겪게 한다고 생각하면 정말 하나님 앞에 무릎을 꿇고 싶지 않았다.

그러기에 그날 나는 하나님을 가까이서 만날 수 있다는 기도원에 올라 갔지만 마음의 문을 굳게 닫은 채 하나님 앞에서 돌아앉아 있었던 것이다.

그런데 바로 그날 밤 놀랍게도 저녁예배시간에 말로만 듣던 그 하나님이 나를 직접 찾아오셨다.

그날 예배는 처음 시작할 때부터 조금 이상했다. 하나님이 감동을 많이 주셨기 때문인지, 내가 죄가 많아서인지, 준비찬양을 부를 때 부터 마음이 울렁거리고 눈시울이 붉어졌다. 더욱이 목사님의 설교는 돌아온 탕자에 대한 내용이었는데 자꾸만 그 말씀이 부모님께 효도하지 못한 나의 모습과 비슷하다는 생각이 들면서 가슴이 아파왔고, 교통사고 이후에 겪었던 여러 가지 충격과 절망적인 기억들이 나의 마음을 무겁게 짓눌렀다.

결국 이 여러 가지 복잡한 마음들은 나를 견딜 수 없는 서러움으로 몰고 갔고 그 슬픔은 끝내 예배 도중에 큰 울음이 되어 터져 나오고야 말았다. 그 울부짖음은 마치 깊은 땅속에서 오랫동안 끓어오르던 용암이 화산이 되어 뜨겁게 솟구쳐 올라오듯 내 마음 깊은 곳에서 북받쳐 올라왔다.

나는 그날 너무나 가슴 아프게 울다가 깊은 잠에 빠졌다. 그날 밤, 하나님이 나를 사랑하셔서 놀라운 모습으로 찾아오셨는데 그

신비한 느낌과 감격은 수십 년이 지났지만 결코 잊을 수가 없다.

내가 도대체 얼마나 울었고, 몇 시간동안 잠들었던 것일까?

그 기적의 밤, 하나님은 〈3가지 놀라운 선물〉을 가지고 나를 찾아오셨다.

처음에는, 하늘에서 밝고 따뜻한 빛을 내 몸에 비추어 주셨다.

그리고 하늘에서 주님의 음성이 뚜렷하게 들려왔다.

"네 믿음대로 될 찌어다!"

마지막에는 1년 반 동안 내 몸의 여러 곳에서 고름이 흘러나오던 그 지겨운 증세가 순식간에 사라진 것이다.

도대체 어떻게 이런 일이 일어날 수가 있는 것일까?

기도원에 올라가기 전날에도, 병원에 찾아가서 고름을 닦아 낸 후 상처위에 거즈를 붙이지 않았던가?

도저히 인간의 언어로는 설명할 수 없는 이 놀라운 현실 …

말로만 듣던 살아계신 하나님의 손이 내 몸을 만졌고, 그 즉시 나는 죽음에서 생명으로 옮겨진 것이다.

나는 그때 마치 고압선에 감전된 사람처럼 한참동안을 아무 말도 하지 못한 채 감사의 눈물만 계속 흘려야 했다.

그리고 나를 사랑하셔서 놀라운 기적을 베풀어 주신 주님 앞에 무릎을 꿇은 채, 오직 두 마디 말밖에는 할 수가 없었다.

"주여 … 저를 … 이토록 … 사랑하셨습니까?"

"이제 주님을 위하여 나의 생명을 드리겠습니다."

그날은, 정말 내 삶에 다가왔던 그 많은 고통들이 순식간에 떠나버린 내 인생의 가장 행복한 날이었다.

그날은, 마치 죽은 나사로가 무덤에서 나오듯이, 내가 부활의 생명을 뜨겁게 맛 본 날이었다.

그날은, 나의 젊은 날에 있었던 치열한 몸부림과 끝을 알 수 없던 많은 방황에 마침표를 찍고서, 놀라운 새 삶이 시작된 참으로 복되고 복된 날이었다.

어느덧 교통사고가 일어난지 35년이라는 긴 세월이 지난 지금, 그 때를 돌이켜 보면 사망의 골짜기였던 내 삶을, 잔이 넘치는 축복으로 바꿔주신 하나님께 깊은 감사를 드린다. 특별히 깨어지고 찢어진 육신을 싸매 주시고, 힘 주셔서 오늘까지 살아있게 하시며 주님의 일꾼으로 사용해 주신 하나님의 사랑과 손길을 생각하면 자꾸만 가슴이 저려온다.

"하나님이 가라사대 저가 나를 사랑한즉 내가 저를 건지리라. 저가 내 이름을 안즉 내가 저를 높이리라."(시편 91:14)

주님의 은혜를 생각하며 …

프롤로그
인간의 언어로는 설명할 수 없는 이 놀라운 현실 … 7

1장 방황의 계절에도 지켜주신 하나님 17

1. 큰 폭격과 내 인생의 예고편
2. 행복했던 어린시절
3. 이놈아, 나 죽이고 소풍가라
4. 주리를 트는 기가 막힌 사랑
5. 아버지의 실직과 현대판 25시
6. 주여! 대학입시에 떨어지게 하소서
7. 다방, 내일 모레 글피의 추억
8. 인간은 왜 살며, 어디로 가는가?
9. 때로는 미치는 것이 사는 길이다
10. 군대생활은 너무 쉬웠다

2장 삶과 죽음의 갈림길에 찾아오신 하나님

1. 26살에 죽음을 마주보다
2. 중환자실과 인생터미널
3. 제발, 기도 좀 그만해주세요!
4. 그때 나에게는 아무것도 없었다
5. 물고기 환상
6. 대들보와 문풍지
7. 저 높은 곳을 향하여
8. 질긴 고기는 많이 다지느니라
9. 죽음의 강과 어머니의 금식
10. 첫눈 내리는 날의 데이트
11. 쌍룡빌딩과 영락교회 십자가
12. 살아 남은자의 추억과 감사
13. 나를 무릎꿇게한 이상한 증세
14. 퇴원과 백운대의 흰구름

3장 나를 놀랍게 만나주신 하나님 111

1. 마침내 기도원에 올라가다
2. 순대국과 담배한갑과 솔잎
3. 드디어 인간이 하나님을 만나다!
4. 오산리 기도원과 숨겨진 이야기
5. 암탉이 울어야 병아리가 나온다

4장 이 땅위의 작은 천국을 만드신 하나님 131

1. 어느 신학생과 미대생의 만남
2. 엽서 50장과 사랑의 화살
3. 이루어 질수 없는 사랑
4. 가정은 작은 천국입니다
5. 그림은 마음으로 그리는 것입니다
6. 아내에 대한 한없는 미안함
7. 청국장과 Hazelnut Coffee
8. 하나 더하기 하나는 하나입니다
9. 고래사냥과 불꺼진 창

5장 영광과 고난의 세월에도 함께 하신 하나님 165

1. 영광스러운 출발
2. 복된 땅에 하나님의 영광을!
3. 엘림성전 개척이야기
4. 관주성경과 보물찾기
5. 고난은 축복의 통로입니다
6. 떠날때는 말없이 …
7. 겨울 낚시터와 창립예배

6장 작은교회를 시작하게 하신 하나님 191

1. 십자교회라는 이름의 유래
2. 마음이 청결한자는 복이 있나니
3. 세계에서 가장 작은 교회
4. 성전구입과 사망의 골짜기
5. 무당 깃발과 기도의 승리
6. 목사가 아니라 목자가 되라
7. 장성한 나무같은 아들의 축복
8. 아름다운 모퉁이돌 같은 딸의 축복

7장 나의 한가지 남은 꿈을 이루어 주실 하나님 215

1. 인생은 하나님께서 만드신 퍼즐이다
2. 밤중에 노래하게 하는 하나님
3. 바람이 불어야 연이 날아오른다
4. 사해바다와 영적교훈
5. 내 몸의 상처와 Stigma
6. 마지막 불꽃을 태우리라!
7. 미완성이 아름다움 입니다

에필로그
잃어버린 것들을 찾아서 … 234

1장
방황의 계절에도 지켜주신 하나님

1. 큰 폭격과 내 인생의 예고편

내가 세상에 태어난 지 약 한달 뒤에 민족의 비극인 6.25전쟁이 일어났으니, 나의 일생은 시작부터가 평범하지 않았다.

우리 가족은 그때 남쪽으로 피난가려고 했으나, 할머니의 건강 악화로 서울 집에 그대로 남아 있었다.

그 당시 어머니는 흑석동 은로초등학교 선생이셨는데, 그때는 전쟁 중이라 식량도 넉넉한 때가 아니었다.

어느 날, 학교에서 오랜만에 식량이 생겨서 여러 사람이 함께 밥을 해 배부르게 먹자며 모이게 되었는데 그날 밥을 지을 때의 연기가 밖으로 나간 것이 큰 문제가 되었다.

비행기의 집중 폭격을 맞게 된 것이다.

그날 세상을 떠난 사람은 모두 12명이였고, 여러 사람이 중경상을 입었다. 어떤 사람은 폭탄에 맞았기에 아예 시신을 찾을 수도 없게 되었고, 어떤 이는 느티나무에 올라가 숨으려다가 기관총에 맞아 세상을 떠났다.

그날 어머니는 태어난 지 100일도 안된 젖먹이인 나를 가슴에 안고, 창고 옆 교사 숙직실에서 식사를 기다리고 있었다. 그때 갑자기, 숙직실이 폭격을 맞아 무너지면서 여러 사람이 깔려 생명을 잃게 되었는데, 그 난리 통 속에서 어머니는 가장 윗쪽에 파묻혔기에 기적적으로 살아날 수 있었다. 그러나 폭탄이 터질 때 생겨나는 거센 바람에 어머니의 옷은 거의 다 날라가 버렸고, 폭탄 파편에 옆구리를 맞으셔서 피를 많이 흘리셨지만 천만다행으로 생명을 잃지는 않으셨다.

나는 정말 기적적으로 지옥 같은 아비규환 속에서 살아났다. 폭격의 거센 바람으로 인해 어머니는 나를 놓쳤고, 나는 무려 10m를 날아가서, 무너진 창고 속에 있던 석탄더미 맨 꼭대기에 누운 채 머리털 하나 다치지 않고 살아난 것이다. 다만, 요란한 폭격소리와 엄마를 잃은 충격 때문인지 하늘만 쳐다보고 몇 시간 동안을 울기만 했다고 한다.

폭격이 끝난 뒤, 동네 사람들이 달려왔기 때문에 어머니가 살아있는 것이 확인 되었지만, 시한폭탄 장치가 되어 있을지도 모른다는 염려 때문에 구조하지 못한 채 몇 시간을 더 기다려야 했고, 나는 어머니보다 먼저 발견되어 울고만 있었기에, 어머니의 동료 선생님들은 갓난아기인 나를 불쌍히 여겨서 젖을 번갈아 먹여주며 진정시켰다고 한다.

나는 이 소설 같은 이야기를 어릴 때부터 어머니를 통하여 여러 번 들었다. 처음에는 신기하게 들었지만, 계속 듣다보니 그 감동은 점차 약해졌다. 그러나 지금 돌이켜 다시한번 그때의 상황을 생각해보니, 그 뜨거운 불길과 폭탄 속에서 갓난아기가 조금도 다치지 않고 살아났다는 사실은 놀라운 기적이요 축복이 아닐 수 없다.

내가 태어난 지 약 석 달 만에 겪은 이 기막힌 사건은, 어쩌면 내가 앞으로 평생 동안 살아가면서 겪게 될 많은 일들의 〈예고편〉이였다. 곧, 마땅히 죽어야 할 어려운 상황 속에서 결코 죽지 않고 살아 남아서 다시 또 일어나는 끈질긴 생명과 부활의 인생 …

"여호와께서 … 자기 눈동자같이 지키셨도다"(신명기 32:10)

2. 행복했던 어린시절

내 고향은 서울의 흑석동이다. 아버지는 일본에서 대학을 졸업하신 후, 대한수리조합 연합회에서 공무원으로 근무하셨다. 그 당시 우리 집은 나무 대문이 두 개 있고, 방이 4개 있는 넓은 조선기와집이였는데, 50년 전에 집에 피아노가 있었으니, 생활에는 어려움이 없었던 것 같다.

우리가정이 특이했던 것은 부모님의 고향이 이북의 함경북도로써, 1945년 8월 15일 우리나라가 일본의 압제에서 해방되던 광복절 이듬해에 월남한 이산가족이라는 사실과 우리 집안의 성씨가 한국에서는 매우 드문 초씨 라는 점이다.

서울에서 태어났기에, 풋풋한 시골 고향에 대한 추억은 없지만 어린 시절을 생각하면 늘 떠오르는 한 가지 추억이 있다. 할아버지와 아버지가 중앙대학교 옆의 야산에 있는 땅을 구입하여 작은 농장을 가꾸신 일이다. 그때 돼지우리 만 6~7개 있었는데, 체중이 너무 무거워서 일어나지 못하고 누워있던 어미돼지의 젖을 열심히 빨던 새끼 돼지들의 귀여운 모습이 지금도 눈에 아련하고 정겹다.

내가 무척 좋아했던 것은 매년 10월 1일 국군의 날이면, 한강 백사장에서 있었던 행사였다. 여러 대의 비행기가 백사장에 설치

해 놓은 목표물을 사격할 때의 기관총 소리와 폭탄을 터트려서 여러 건물들을 명중시키는 모습은 매우 감동적이였다. 행사가 끝난 뒤에, 행사의 질서와 정돈을 맡은 경찰 기마대가 행진 하는 것을 계속 따라가면서 멋지게 생긴 말을 감상 하는 것은 대단히 즐거운 일이였는데, 한번은 친구들과 함께 계속 따라가다가 길을 잃어 버린 뒤, 가까스로 집에 돌아온 힘들었던 기억도 있다.

3. 이 놈아, 나 죽이고 소풍가라!

재앙은 갑자기 찾아오는 것인가?
행복하던 우리 가정에, 어느 날 갑자기 큰 고통의 먹구름이 몰려 왔다.
아버지가 3대 독자였기 때문인지 자녀를 많이 낳으셨는데, 우리 집안의 장남이요 희망이던 나의 형님이 고등학교 3학년 때 소풍을 다녀오다가 기차에 치여 세상을 떠난 것이다.

형은 키도 크고 잘생겼고 공부도 잘했으며 마음도 착했기에 우리 집안의 대들보였다. 아버지는 당연히 형에게 큰 기대를 하셨고, 형은 공부를 너무 열심히 한 탓인지 때때로 코피를 많이 흘렸다.
그런 형이 갑자기 우리 곁을 떠나자 우리 가정은 크게 흔들렸는데, 아버지는 슬픔을 잊기 위해서 매일 술을 잡수셨고 어머니는 그런 아버지의 모습을 보고 못마땅해서서 간섭하다가 때때로 아버지의 언성이 높아졌던 기억이 난다.

형이 세상을 떠났을 때, 나는 초등학교 1학년이었다.
내가 가장 힘들었던 것은 형이 내 곁을 떠난 뒤에 온 허전함과 슬픔보다는, 그 아픔을 이기지 못한 채 괴로워하시는 부모님의 모습을 바라봐야만 했던 오랜 시간들이었다.
그 시절 나는 아버지 어머니와 함께 넓은 안방에서 잠을 잤다. 그 당시 한강에는 큰 다리가 많지 않았기 때문에 한강을 빨리 건너기 위해서 안전한 인도교보다 위험한 기차철교로 걸어가는 사람들이 많았다.

그래서 모든 기차는 한강철교를 지날 때면 행여나 사람이 다칠까 우려되어 경적을 크게 울리곤 했다.
그 기적소리는 불과 몇 km 밖에 떨어져 있지 않은 흑석동 우리집까지 자주 들려왔고 부모님은 슬프게 세상을 떠난 형 생각에 많은 눈물을 흘리셨다.

특히, 조용한 밤이 되면 기차의 경적소리는 더욱 크고 애절하게 들려왔기 때문에 그때마다 부모님은 거의 신음에 가까운 울음소리를 내면서 우셨는데 그럴 때면 나는 밀려오는 슬픔에 이불을 뒤집어 쓴 채 하염없이 울어야 했다.

정말 그 당시 기차의 존재는 나에게 형을 뺏어간 원수일 뿐만 아니라 부모님을 자꾸만 울게 만들고 우리 가정의 행복을 송두리째 뺏어간 이 세상에서 가장 미운 시커먼 괴물이었다.

형이 소풍을 다녀오다가 세상을 떠났기 때문에 형의 사고 이후 우리 집에서는 오랫동안 소풍에 대해서는 아예 말을 꺼내지 않는 것이 불문율이었다.

그러므로 초등학교 6년 동안 나는 소풍간 기억이 없고 중학교 때 잠시 소풍을 가려고 시도해 보았지만 어머니가 눈물을 너무 많이 흘리셔서 가다가 되돌아 온 기억도 있다.

그런데 드디어 마지막 기회가 다가왔다.
고3 수학여행이 나를 기다리고 있는 것이다.

학창시절의 마지막 추억과 낭만을 즐기는 시간이요, 대학입시의 무거운 짐에서 잠시 자유를 얻는 기회였기에 나는 결코 이 찬스를 놓치지 않기로 결심했다. 부모님에게는 아예 소풍얘기를 꺼내지도 않고 모든 준비는 나 혼자 맡기로 했다. 출발하기 전날 나는 혼자 부엌에서 도시락을 준비했고 드디어 역사적인 수학여행이 밝아왔다. 몇시간 후 대문만 나서면. 나는 세상에 태어난 뒤 처음으로 외박(?)도 해보고 … 마음껏 놀아보기도 하고 … 정말 놀라운 신세계가 눈앞에 펼쳐지게 되어 있었다.

그런데 나는 그날아침 정말 바보처럼 큰 실수를 저지르고 말았다. 우리 집안 분위기를 봐서는 말없이 출발해야 했는데 막상 출발하려다 보니 며칠 동안 돌아오지 않는 아들을 걱정하실 부모님이 염려되었다. 결국 나는 수학여행 간다는 말을 하고 만 것이다.

아니나 다를까? 그 즉시, 우리 집에는 천재지변이 일어났다. 아버지는 갑자기 소리를 지르시면서 나를 단단히 붙잡으셨고 어머니는 멀리 정릉에 사는 고모에게 전화를 걸기 위해서 급히 밖으로 나가셨다.
이제 기차가 출발할 시간은 자꾸만 다가오는데도 아버지는 나를 놓아 줄 생각도 않고 어머니는 계속 나를 설득하였다.

그렇게 40~50분쯤 지났을까? 갑자기 대문이 큰 소리로 열리더니 정릉부터 택시를 타고 온 고모가 다짜고짜 내 앞가슴 옷을 붙잡고 흔들면서 소리를 지르셨다.
"이놈아! 나 죽이고 소풍가라! 네 형도 소풍갔다 오다가 죽었는데 … 너까지 소풍갔다가 죽으려고 이 난리냐!"
"이놈아! 소풍가려면 나부터 죽이고 가라! 나부터 죽여 …"

모든 부모가 자식을 사랑한다는 것은 나도 알고 있었지만, 그날의 일은 너무하셨다. 아니, 도대체 형이 세상을 떠난지도 벌써 10년이 지났는데 … 왜 내가 소풍가는 기쁜 날에 갑자기 형 얘기가 나오는 건지. 매년 이때만 되면 전국의 학교들이 수학여행을 가는데, 왜 우리 집만 유난히 이 난리를 치는 건지?

얼마 후, 시간이 되자 나의 친구들을 태운 기차는 무심하게 떠나 버렸고 부모님은 우울해하는 나를 위하여 스케이트를 사주겠다고 제안했지만 그날의 무거웠던 마음이 스케이트를 탄다고 해서 없어질 일이 아니었다. 결국 초등학교부터 고등학교 졸업할 때까지 무려 12년이라는 긴 세월동안 나는 제대로 소풍을 간 기억이 없고, 그렇게 그렇게 나의 풋기 없던 청소년시절은 내 곁에서 멀리 떠나가 버렸다.

4. 주리를 트는 기가 막힌 사랑

형의 죽음은 우리 가정에 많은 변화를 가져 왔다. 늘 밝았던 우리 가정의 분위기는 침울해졌고 내 위에 누님이 셋 있었지만 아들인 내가 갑자기 형 대신에 장남으로 승격됐다. 부모님의 형에 대한 기대와 사랑은 이제 나에게 고스란히 넘어 왔는데 그것은 나에 대한 지나친 과잉보호로 나타났다. 나는 갑작스러운 부모님의 심한 간섭과 정신적 부담을 피하기 위하여 틈만 있으면 집 밖으로 나가게 되었는데, 특별히 내가 가장 좋아했던 장소는 항상 푸른 물이 출렁거리는 한강 이였다.

내가 어렸을 때의 한강은 볼거리가 참 많았다. 봄에는 뱃놀이 하면서 춤추고 노래하는 사람들을 많이 볼 수 있었고, 여름에는 수영과 낚시를 하는 사람이 많았으며, 겨울에는 얼음이 꽁꽁 얼어붙었기에 스케이트를 타는 사람과 얼음낚시 하는 사람들로 붐볐다. 나는 한강에 갈 때마다 단 한번도 심심한 적이 없었다.

그러던 어느 날, 사건이 터졌다. 개구쟁이 친구들과 함께 한강에 놀러 나갔는데, 마침 강변에 작은 보트가 묶여 있었다. 장난이 심한 나와 친구들 몇몇은 배 위에 올라탔고, 배에 타지 않은 몇몇은 육지에 남아 있었다. 그런데 배에 타지 않은 친구들이 묶여 있던 보트의 밧줄을 몰래 풀어서 우리가 탄 보트를 강 깊은 곳으로 밀어 버린 것이다.

나와 함께 배에 탔던 친구들은, 육지에 있던 친구들과 눈짓을 맞춰서 급히 뛰어 내렸지만 내가 상황을 눈치 채고 뛰어내리려 했을 때는 이미 배가 깊은 곳 까지 들어와 있었고 나는 가만히 있을 수밖에 없었다.

한강다리 밑에는 교각이 있어서, 소용돌이 때문에 생명이 위험하다는 말을 여러 번 들어서 알고 있었다. 때마침, 우리가 있던 곳은 교각과 가까운 곳이었기 때문에, 10분정도만 떠 내려가면 교각과 부딪히면서 배가 뒤집힐 수 있는 상황 이였다. 심한 장난을 쳐 놓고 놀란 나의 친구들은 겁에 질린 얼굴로 계속 소리를 질렀고,

나는 그 친구들과 점점 멀어진 채 강물을 따라 하염없이 떠내려만 갔다. 몇 분이 지났을까 …? 경찰 모터보트가 나를 향해 쏜살같이 달려왔고 나는 기적적으로 목숨을 건질 수 있었다.

하지만 그날의 사건은, 결코 거기서 끝이 나지 않았다.
경찰 아저씨들은 그날 있었던 일을 나의 부모님에게 연락했고, 크게 화가 나신 아버지는 자식의 겁 없는 장난기를 고치기로 작심 하신 후 내가 도저히 예측하지 못했던 희한한 고문을 준비하셨다.
그것은, 〈주리를 트는 것〉이였는데, 이 무식하고 무시무시한 형벌은 옛날에 흉악한 죄인을 심문할 때 두 다리를 묶은 뒤에 두 다리 사이에 굵은 막대기를 넣고는 비틀어 대던 끔찍한 것이였다.

고문은 시작되었다. 너무 오래된 희대의 사건이지만 누가 두 다리 대신 내손을 잡았고, 두 손가락 사이에 누가 굵은 연필을 돌렸는지 확실하게 생각나지는 않는다. 분명한 것은, 나를 낳은 아버지와 나를 사랑하는 할아버지가 공모한 뒤, 내 가운데 손가락 밑에 두꺼운 육각연필을 넣고는, 한분은 나의 손가락을 모아서 꽉 잡으셨고 한분은 연필을 힘차게 계속 돌리셨다.
그때 할아버지가 머리끝까지 화가 나셔서 소리 지르시던 목소리가 오십년이 지난 지금도 내 귀에 생생하다.
"더 돌려라! 더 돌려! 한강에 또 갈꺼야? 안갈꺼야?"

아마도 그때가 초등학교 4~5학년쯤 인 것 같은데, 어린나이에 정신이 아득해지는 고문을 겪은 나는 큰 충격에 빠진 채 며칠 동안 심하게 우울해 했다.

그러나 세월이 지나고 철이 들면서, 나는 그 모든 일이 부모님의 사랑에서 비롯된 것임을 충분히 이해할 수 있었다.

큰아들을 잃은 뒤의 죽음에 대한 두려움과, 남은 자식을 끝까지 보호하려는 본능적인 사랑이 … 조금 정도가 지나치고 조금 비정상적인 방법으로 표현되기는 했지만 …

그런데 오랜 세월이 지난 어느 날, 나는 이 이야기를 형제들과 나누다가 다시 한 번 놀래야 했다. 왜냐하면 주리가 뒤틀리는 고통을 당한 것이 결코 나 혼자만이 아니라 나의 형제 여러 명이였기 때문이다.

5. 아버지의 실직과 현대판 25 시

형의 죽음으로 다가왔던 큰 슬픔이 시간이 흐르면서 서서히 잊혀 지던 때에, 또다시 우리 가정에 큰 고통이 다가왔다. 그것은 갑작스런 아버지의 실직이었다.

그때가 나의 기억으로는 초등학교 5학년 때로 생각된다. 형의 죽음 이후, 아버지가 술을 자주 잡수신다는 것을 알고 있었지만,

어느 날 부터는 거의 매일 술에 만취가 되어 정신을 잃을 정도가 되어 집에 돌아오셨다. 물론 그 당시는 아버지가 직장을 잃은 사실을 전혀 몰랐다.

아버지의 실직으로 우리 가정에는 경제적인 많은 어려움이 왔는데 그것은 잦은 이사로 나타났다. 흑석동의 큰 집을 판 뒤, 나의 중고등학교 시절동안 이사한 횟수만 무려 8번이였다. 나는 수차례 전학을 했고, 청소년 시절의 친구 관계에 어려움을 겪어야 했다. 나는 정서적 안정감을 잃은 채, 방황의 계절을 보내야 했다.

경제적인 어려움으로 등록금을 내지 못할 때마다 교무실에 불려갔는데, 이 일은 한참 예민하던 사춘기시절 내 자존심을 무척 상하게 만들었다. 그 당시 학교 교무실에 불려 다니는 학생은 주로 문제 학생 이거나, 가난한 학생 이였는데 물질적인 어려움을 겪어보지 못하던 내가 어느 날 부터 그런 취급을 받게 되었다는 사실에 몹시 침울해졌다.

내가 다니던 중학교는 서울의 5대 사립중 하나로써 월계수가 푸르른 교정과 럭비로 유명했으며, 모자와 소매 끝에 흰줄이 있는 특이한 교복을 입고 다녔는데, 그것은 나에게 큰 기쁨이었다. 하지만, 등록금 문제로 교무실에 몇 번씩 불려다닌 다음부터 나는 학교생활에 기쁨을 잃게 되었고 어린 날의 방황은 더욱 가속도가 붙게 되었다.

아버지의 실직으로 인해서 찾아온 우리가정의 경제적 어려움도 물론 큰 고통 이였지만, 나를 더욱 괴롭힌 것은 아버지의 우울한 모습을 내 눈으로 매일같이 오랫동안 바라봐야 했던 사실이다. 나는 비록 아버지가 큰 어려움을 겪었을 찌라도, 한 가정의 가장으로써 경제적 책임과 의무를 다하며 어려움 속에서 다시 일어나는 멋진 모습을 기대했지만 이상하게도 나의 아버지는 실직 이후에 단 한번도 새로운 직장을 얻기 위하여 노력하거나 세상과 싸워 이기려는 강한 의지를 보여주지 않으셨다. 실직 이후, 아버지는 마치 어떤 일로 큰 상처를 받은 것처럼 보였고, 가슴에 멍이 든 모습으로 평생을 힘겹게 살아가셨다.

왜 아버지는 평생 동안을 그렇게 힘들게 살아가셔야만 했을까? 과연 그 이유는 무엇일까? 도저히 알 수 없는 이 의문은, 내 젊은 날의 방황에 가장 큰 원인이 되었을 뿐만 아니라 그 후 오랫동안 나와 아버지 사이에서 갈등의 이유가 되었다. 하지만 나는 이 궁금증의 해답을 아버지가 실직하신지 약 45년이 지난 2007년 가을에 어머니를 통하여 처음 들을 수 있었다.

그 원인은 우리가족이 이북에서 내려온 월남가족이었기 때문이었다. 할아버지는 이북에 계실 때 면장을 지낸 분이셨다. 그런데

6.25 전쟁을 전후해서 이북에서 이남으로 월남한 사람들이 많았고, 큰 난리통에 부모 형제나 일가친척과 연락이 끊어진 사람들이 많았다. 그러므로 자연히 같은 처지의 고향 사람들이 만나게 되면, 이북에 두고 온 가족의 안부를 물으면서 큰 위로를 얻었다. 그런데 문제는 나의 할아버지가 어른이셨기 때문에 고향사람들은 우리집에 모여서 고향 소식을 서로 나누는 일이 많아졌고 그러다 보니 우리집이 〈만남의 장소〉가 된 것이다.

이것이 당시 남한 정부의 눈에 오해가 되었다. 혹시 사상이 불순한 사람들이 서로 모이는 것은 아닌가 하는 감시의 대상이 됐을 뿐만 아니라, 그러한 애매한 분위기가 아버지에게 매우 좋지 않은 영향을 끼쳐서 직장에서의 승진에 장애물이 되었던 것이다. 설상가상으로 5.16군사혁명 정부가 세워지면서, 많은 공무원들이 직장을 떠나게 됐고 아버지도 갑자기 직장을 그만두시게 되었는데 그때부터 우리 가정은 내리막길을 걷게 된 것이다.

아버지는 공산주의를 피하여 남한으로 내려 오시면서 고향을 버리는 아픔을 겪으셨고, 큰 아들의 갑작스런 죽음 앞에 뼈 아픈 고통을 겪으셨는데, 이제는 북한과 남한의 이념 차이 때문에 또다시 큰 어려움을 겪게 된 것이다. 결국 아버지에게는 이 모든 것이 더 이상 견딜 수 없는 삶의 무거운 짐이 되어, 평생을 좌절감 속에 괴로워하시며, 세상을 외롭게 살아가신 것이다.

아버지는 그 모든 어려운 상황들을 평생토록 자식들에게 일체 말씀하지 않으셨는데 그 이유는 어쩌면, 대한민국의 격변기에 정치적, 사회적, 이념적 소용돌이를 먼저 겪은 세대로써 절대로 말로 표현 할 수 없는 상처와 아픔을 자식들에게 대물림 하지 않겠다는 절박한 마음과 부모로써의 천래적 사랑 때문 이였던 것 같다. 그렇기에 나는 이 모든 일에 대하여 자세히 알지 못했고 이해도 못했기에 결국 아버지의 아픔을 함께 나누지 못했었다. 이제 오랜 세월이 지난 지금, 이 모든 진실을 알고 나니 먼저 하늘나라에 가신 아버님께 죄송스럽고 부끄럽기만 하다.

나는 요즘도 나의 아버지만 생각하면, C.V.게오르규의 유명한 소설인 〈25시〉가 생각난다.

더없이 순박한 농부였던 주인공이 강대국 간의 전쟁의 틈바구니에서 여러 번 국적이 바뀌고, 많은 고통을 겪으며 인간으로써의 기본적인 존엄성마저 상실한 채 슬프게 살아가는 모습에 감동과 안타까움을 느꼈던 기억이 난다. 특별히 이 소설은 영화화되어 더욱 큰 감동을 주었는데, 주인공 이였던 안소니 퀸의 명연기와 표정은 오랜 세월이 지난 지금도 눈에 선하다. 인간의 힘으로는 결코 어떻게 할 수 없는 절망적인 시간을 의미하는 25시 …

그런데 왜 내 아버지의 얼굴을 생각할때면, 우울한 얼굴의 안소니 퀸의 얼굴이 겹쳐지면서 오버랩(overlap)되어 떠오르는 것일까?

너무나 착하신 품성 … 그러나 마치 쓰나미처럼 몰려오는 역사의 소용돌이와 변화의 거센 풍파 속에서 큰 충격과 어지러움을 느낀 채 그 모든 아픔을 혼자 가슴에 간직하시고 그렇게 평생을 외롭게 사셨던 나의 아버지.

그 잊혀지지 않는 아버지의 외로운 얼굴이 오늘도 내 눈에 아른거린다.

"사랑합니다 ! 아버님 … 죄송합니다! 아버님.

이 아들이 아버지의 깊은 아픔을 이해하지 못했고, 그 무거운 삶의 무게를 덜어드리지 못해서 …"

6. 주여 ! 대학 입시에 떨어지게 하소서

밤이 깊을수록, 찬란한 아침은 밝아 오는가? 인생의 먼 항해에서 계속되는 고난의 파도로 거의 침몰 상태에 빠진 우리가정에 정말 놀라운 일이 일어났다. 어머니가 교회에 나가신 것이다.

원래, 어머니는 이북에 계실 때, 신앙생활을 하셨다.
함흥에 있는 기독교 학교인 영생여고를 다니면서, 기독교에 대해서 알고 계셨다.

그러나, 결혼하신 후 아버지의 가정이 불교 집안 이였기에 기독교를 멀리했다가 형의 갑작스러운 죽음과, 아버지의 실직 등 계속되는 시련을 통하여, 인간의 행복이 결코 사람의 노력으로 얻어지는 것이 아님을 깨닫게 되셨고 드디어 예수님을 의지하게 되신 것이다.

예수님을 떠난 후 너무나 많은 것을 잃어버린 어머니는 절박할 수 밖에 없었기에 당연히 풍성한 축복과 놀라운 기적으로 소문난 교회를 찾게 되었는데 그때 찾은 교회가 바로 서대문에 있던 조용기 목사님이 인도하시는 순복음 중앙교회였다. 그해가 1968년 이었다.

어머니는 교회를 다니시면서 세상에서 누리지 못하던 하늘의 평안을 맛보셨고, '어떻게 복된 삶을 얻을 수 있는가?'에 대한 비결을 발견하셨다. 그리고 우리가정에 다가왔던 그 많은 고난들이 결코 우연히 다가온 것이 아니라 하나님께서 우리 가족을 구원하시기 위한 뜻과 섭리 때문인 것도 알게 되셨다. 더욱이 하나님이 어머니에게 허락하신 풍성한 은혜가 우리 가정과 자녀의 삶 속에서 넘쳐나기를 소원하며 늘 하나님의 일에 최선을 다하셨고 특별히 간절한 기도는 늘 끊임이 없으셨다.

그러나 어머니의 간절한 믿음과 뜨거운 열심은 믿음이 없던 나에게는 새로운 갈등의 원인이 되었다. 왜냐하면 어머니는 뒤늦게 깨달으신 예수님 안에서의 진리와 축복을 가장 먼저, 장남인 나에게 물려주시기를 원하셨을 뿐만 아니라 내가 목사가 되어 하나님의 일에 전념하기를 원하셨기 때문이다. 그렇지만, 나는 그때 신앙적으로 무지했고 내 마음 속에는 세상적인 성공에 대한 생각으로 가득 차 있었다. 그러므로 어쩔 수 없이 〈하나님에게 속한 어머니〉와 〈세상에 속한 아들〉 사이에는 치열한 영적전쟁이 일어날 수밖에 없었다.

 어느 날, 어머니와 나와의 갈등은 충격적인 사건(?)으로 나의 삶 속에 다가왔다.
 어릴 때부터 나의 꿈은 의사가 되는 것이었는데 그 소원은 어릴 때 읽었던 많은 위인전 중에서 아프리카의 성자인 A. 슈바이쳐의 생애에 큰 감동을 받았기 때문이다.
 그러나 이 꿈은 고등학교 2학년 때 신체검사를 받으면서 좌절되었다. 시력이 색약으로 판정되었기 때문이다. 물론 그것은 큰 충격이었지만 괴로워하고만 있을 수는 없었기에 법대로 진로를 바꾸고 가난한 집안의 장남으로서 반드시 성공하겠다는 결심으로 대학입시에 몰두했다.

 그런데 이것이 무슨 청천벽력인가? 대학입시 보는 날 아침에 상상도 못할 일이 일어난 것이다. 그날 아침 나는 큰 꿈을 갖고서 시험을 보기 위하여 K 대학으로 출발을 준비하고 있었다.

그때 어머니가 말씀하셨다.

"기도하자"

나는 믿음은 별로 없었지만, 기도하는 것이 좋다는 것은 알았기에 잠시 눈을 감고 있었는데, 그때 어머니가 드린 기도의 내용은 정말 나에게는 마른하늘의 날벼락이었다.

"주여! 이 아들은 법관이 될 아들이 아니라 하나님의 법인 말씀을 공부하여 하나님의 일을 해야 할 아들입니다. 그러므로 간절히 기도하오니, 오늘 시험에서 반드시 떨어지게 하여 주옵소서. 믿습니다! 아멘!"

그날 아침의 어머니의 기도는 나를 공황상태로 만들었고, 내 머릿속은 하얗게 변해 버렸다. 다른 사람들은 몰라도 어머니는 내가 성장할 때 겪어야 했던 그 많은 좌절과 아픔을 누구보다도 잘 알고 계시지 않는가? 그런데 어떻게 아들의 앞날을 축복하기는 커녕 이렇게 무식한 방법으로 방해할 수 있을까? 정말 어머니가 나를 낳으신것은 맞을까? 나는 도대체 어머니를 이해할 수 없었다.

그날 시험장으로 가는 버스 속에서 나의 마음은 분노로 끓어올랐고 마음의 평안을 잃어버린 나는 어떻게 시험을 보았는지 잘 생각도 나지 않는다. 다만 기억나는 것은 그날 밤 늦게 집에 돌아와서 어머니에게 몹시 화를 내며, 왜 그렇게 했는가를 물어 보았을 때 어머니가 하신 짧은 말씀만 오랜 세월이 지난 지금까지 기억날 뿐이다.

"자네는 법관이 되면 … 예수님을 믿지 않을 사람이네 …"

그날 내가 받은 정신적인 충격은 매우 컸기에 그날 이후 더욱 방황하는 삶을 살게 되었지만 돌이켜 생각해보면 그날의 사건 속에는 분명한 하나님의 뜻이 숨어 있었다. 왜냐하면 나처럼 고집이 센 사람의 고집을 꺾고 변화시키기 위해서는 나보다 훨씬 강한 사람이 필요했기에 하나님은 어머니를 사용하셨던 것이다. 그러므로 그날의 시련은 나에게는 큰 아픔이었지만 믿음의 눈으로 보면 내 인생의 방향이 바뀌는 매우 중요한 사건이었다.

7. 다방, 내일 모레 글피의 추억

우울한 재수의 길에 들어 섰지만, 공부를 해야 하는 목적과 이유를 잃어버린 나는, 얼마동안 무기력한 삶을 살 수밖에 없었다. 그러나 어머니는, 그런 내 모습이 안타까웠는지 더욱 나를 위해 기도하셨고, 신학 대학에 입학시키기 위하여 많은 수고를 하셨지만, 그 당시 나는 신학에는 전혀 관심이 없었다. 왜냐하면, 신학 자체에도 별로 관심이 없었지만, 원하는 대학에 입학하지 못한 도피처로 신학에 들어가고 싶은 생각은 추호도 없었기 때문이다.

어머니의 모정은 너무나 강해서 중단되지 않았고, 더욱이 사랑하는 아들을 거룩한 생명의 길로 이끌기 위한 정성은 정말 눈물겨울 정도였다. 나는 때때로 주일예배에 참석함으로써, 어머니를 위로해 드렸지만 여전히 신학과 신앙에는 별로 관심이 없었다.

그 당시 어쩌다 내가 교회에 나가면, 어머니의 기쁨은 음식으로 나타났다. 곧, 소고기에 계란부침에 용돈까지 내 손에 쥐어 주셨다. 그러나 교회에 나가지 않으면, 고기는 고사하고 오직 멀건 된장국과 김치뿐이었다.

내가 어머니께 "아들을 아들 자체로 순수하게 대해야지. 왜 꼭 신앙과 결부시켜서 피곤하게 만드는 겁니까?"라고 불만을 터트리면, 어머니는 이렇게 기막힌 대답을 하신다.

"자네에게는 그것도 과분하네! 왜냐하면, 교회에 나가지 않으면 하나님의 아들이 아니라 마귀의 자식이니깐! 마귀의 자식에게 맛있는 반찬을 준비해 줄 필요가 어디에 있겠나."

그리고 얼마 뒤, 대학에 들어간 뒤에도 어머니와의 영적 전쟁은 계속 되었는데, 내가 술에 취해서 집에 오는 날이면 반드시 어머니는 나에게 한마디 말씀만 하신다.

"예배 드리자!"

그 짧고 강한 어머니 말씀은 언제나 나에게는 견디기 힘든 고문 그 자체였다. 왜냐하면, 어머니가 예배드리시는 목적은 단순하게 하나님께 영광을 돌리는 차원이 아니라, 사랑하는 아들의 영혼과 육체에 들어온 악한 귀신과 어둠의 세력들을 뿌리 채 뽑는 것이였기 때문에, 예배가 고상하고 짧게 끝난적은 단 한번 도 없었다.

어머니는 먼저 한참동안 찬양을 부르신다.
특별히 보혈의 찬송을 …
문제는 어머니가 이 시간에 꼭 눈물을 쏟으시는 것이다. 그 이유는 간단하다. 죄에 빠져 있는 아들이 한심하고 안타깝기 때문이요, 또 한가지는 그런 아들이 그래도 예배에 참석해 있는 것이 너무 고맙기 때문이다. 그런데 나는 내 앞에서 눈물을 흘리는 어머니를 바라 보는 것이 힘들었다. 그 눈물을 흘리게 한 죄인이 바로 나였기 때문이였다.

찬송이 끝나면, 이제는 진리의 말씀이 선포된다. 이 시간에도 내가 힘든 것은 마찬가지이다. 하나님의 말씀은 신령한 양식이기 때문에 "아멘." 하며 받아 먹어야 한다고 강조하시면서 내가 아멘 할 것을 강요하시는데, 믿음이 있는 사람에게는 그것이 쉬울지 몰라도, 아예 믿음이 없던 나에게는 그것이 힘든 일이였다. 그뿐만이 아니라, 어머니가 나에게 전해 주시는 말씀은 성경에서 우연히 찾은 말씀이 아니라, 며칠을 생각하시고 요약하신 말씀이다. 날이 선 검처럼 날카로운 말씀을 듣다보면, 때때로 깜짝 깜짝 놀라게 되고, 당연히 술이 확 깨기도 한다.
이제 마지막으로 간절한 기도 시간이다.
이 시간에는 무릎을 꿇어야 한다고 말씀하시고 나의 가슴에 손을 얹은 뒤에 간절히 기도하시는데, 나에게는 가장 힘든 시간이였다. 어머니가 점잖게 기도하시면, 나도 마음으로 감동할 준비와 예의는 갖추고 있었는데 어머니의 기도는 전혀 아니였다. 그 당시에 어머니가 자주 사용하시던 알 수 없는 말은 다음과 같았다.

"사랑하는 아들에게 붙은, 술 귀신아! 떠나가라! 담배 귀신아! 떠나갈 찌어다. 세상귀신아! 물러갈 찌어다."

아니 대체 무엇이 술 귀신이고, 무엇이 담배 귀신이라는 말인가? 그리고 귀신이 도대체 어디에 있다고, 또 그것이 왜 내 속에 들어와 있다고, 이렇게 떠나가라! 물러가라! 계속 외치시는 것인지 … 아니, 내 친구들은 술 먹고 집에 들어가도 부모님이 별 말씀 하지 않는데, 왜 나는 술 몇 잔만 먹고 와도 이렇게 절차가 복잡하고 피곤한 것인지 ….

그러므로 어머니가 나를 위하여 술 귀신, 담배 귀신을 쫓으며 기도할 때는 나도 반항하며 속으로 이렇게 중얼거렸다.

'내가 왜 술 귀신이야? 내가 왜 담배 귀신이야? 그렇다면, 이 세상에서 술 먹는 모든 사람들은 다 귀신들렸다는 말인가?'

결국 어머니와의 종교전쟁에서 너무 지쳐버린 나는, 어머니에게서 탈출하여 나만의 자유와 도피처를 찾기로 했는데 어느 날 기발한 생각이 떠올랐다.

그것은 바로, 일주일동안 서울 시내를 돌아 다니면서 이름이 가장 멋진 다방을 찾아, 그곳을 내 몸을 숨길 아지트로 삼고서 젊음의 자유를 마음껏 즐기기로 한 것이다.

몇 일 후 정말 멋진 이름의 커피숍을 찾았는데, 그곳은 충무로에 있는 대연각 호텔 옆 골목 2층에 있는 '내일. 모레. 글피'였다. 그 커피숍은 이름도 멋있었지만, 분위기가 좋았고 젊은이들이 주로 모였기에 멋과 낭만도 있었다. 특별히 맛좋은 비엔나커피가 있어서 더 없이 좋았다. 나는 거의 일주일에 두 세 번은 그곳에 머물렀고, 그곳에서 나만의 자유를 만끽했다.

그러던 어느 날 참 희한한 일이 나에게 일어났다.
그날은 왠지 우울했고, 몸도 무거웠기에 당연히 마음도 가라앉아 있었다. 소파 깊숙이 몸을 파묻은 채 계속 담배를 피우고 있다가 잠시 졸음이 와서 눈을 감고 있는데, 갑자기 내가 피우는 뿌연 연기 속으로 어머니가 걸어오시더니, 이렇게 말씀하시는 것이 아닌가?
"하나님의 아들이 … 거기 있으면 어떻게 하나?"

그 소리에 무척 놀라서 정신을 번쩍 차렸다.
그날 밤, 어머니께 물어 보았더니 나를 위하여 금식하며 기도하셨다는 것 이었다. 그 말씀을 듣고는 더욱 놀랠 수밖에 없었다.
물론 그날의 사건은 실제 상황이 아니였고, 잠시 동안의 꿈에 불과했다. 그러나 나는 그 일을 통하여 문득 이런 생각을 해 보았다.

'이것은 혹시 하나님이 나를 부르시는 싸인은 아닌가?'

8. 인간은 왜 살며, 어디로 가는가?

어느 날부터인가… 나는 풀리지 않는 내 삶의 답답함 때문인지 … 아니면 신의 존재에 대한 분명한 확인이 필요했는지 … 인생의 궁극적인 의미에 대한 해답을 찾기 위하여 힘써 종교적 탐색을 하기로 결심했다.

가장 먼저 한 것은, 몹시 추운 날 얼음을 깨고 물 속에 들어가는 육체적 고행을 통하여 참된 진리를 깨닫는 것이었다. 그 장소는 내가 살고 있던 서울 변두리 기자촌에서 10km 떨어진 진관사라는 절간 옆, 시냇가였다.

눈발이 내리던 어느 날 나는 진지한 마음으로 얼음을 깬 후 물에 들어갔는데 물은 깊지 않았지만 흐르는 물이였기에 몹시 추웠던 기억이 난다.

물 속에 몇 분이나 앉아 있었을까? 그때 마침 남자 중이 절간으로 돌아오다가 길 아래쪽 개천 속에서 한겨울에 도를 닦고 있는 나의 모습을 보고는 너무 어이가 없었던지 군기침을 하며 지나가던 기억이 난다. 그날의 계획은 추운 날씨 때문에 빨리 끝이 났지만 고행을 통하여 얻은 한가지 유익은, 진정한 깨달음이란 결코 쉽게 얻어지는 것이 아니라는 사실이었다.

두 번째는 여러 달이 지난 여름에 뜨겁게 달아오른 바위 위에 앉아서 인생을 깊이 생각하며 깨달음을 구하는 것이었다. 이 장소도 지난 겨울처럼 진관사 근처로 잡았다. 솥뚜껑같이 뜨거운 바위 위에 앉아서 깊은 깨달음을 얻기 위하여 많은 애를 써야했다. 그러나 수양이 부족했는지 안타깝게도 도중하차 하고야 말았다.

두 번의 정성어린 고행에도 불구하고 인생의 의미를 깨닫지 못한 나는 마지막으로 세 번째 탐색을 시도했는데 그것은 기독교적인 접근이었다.

나는 어느 날. 깊은 밤중에 신약성경을 들고서 그 당시 내가 살고 있던 기자촌에 있는 돌산에 혼자 올라갔다. 캄캄하고 어둡던 밤, 내 생애 처음으로 하나넘께 기도하기로 마음을 먹었지만 막상 기도하려니 낯설고 어색하기만 했다. 더욱이 예수님이 광야에서 금식하실 때 마귀가 시험하는 내용인 마태복음 4장 말씀이 자꾸 떠오르면서, 마음이 불안해지고 머리카락이 쭈뼛쭈뼛 서는 까닭에 결국 산 위에서 한 시간도 머물지 못한 채 내려오고야 말았다.

그런데 왜 나에게 그런 현상이 일어났을까? 훗날 생각해보니, 짐작이 가는 이유가 있었다. 그날 진심으로 하나님을 사랑하는 마음으로 산에 올라간 것이 아니라, 하나님이 정말 계신가? 안계신가? 시험하는 마음이 나에게 많았기 때문이었다. 먼저 나 자신을 비우고 거룩하게 한 뒤에 하나님의 은혜를 구해야 한다는 것을 알지 못했기에 죄와 불신앙으로 가득한 나에게, 당연히 하나님의 은혜는 다가올 수가 없었다.

사람은 하나님 앞에 마치 물컵과 같다. 하나님의 은혜와 사랑으로 자신의 삶을 가득 채우기 위해서는 먼저, 나를 비워야 한다. 그러나 나는 그것을 몰랐다. 결국 온갖 세상 것으로 가득 차 있는 나에게 하나님께서는 거룩한 은혜를 부어주실 수가 없었던 것이다.

세계적인 화가인 폴 고갱은, 나이 43세에 조국인 프랑스를 떠나 태평양에 있는 작은 섬 타이티로 가서 자연과 함께하며 원시적인 열정으로 그림을 그린다. 그런데 그의 많은 그림 중에서 고갱 자신이 "더 이상의 훌륭한 그림을 그릴 수는 없다."고 말할 정도로, 최선을 다한 그림의 제목은 〈우리는 어디에서 왔는가? 우리는 무엇인가? 우리는 어디로 가는가?〉이다.

우리는 이 작품의 제목을 통하여 고갱이, 모든 인간에게 가장 중요한 질문인 '자기의 정체성과 인생의 참된 의미 및 하나님의 존재'에 대하여 얼마나 많은 관심을 갖고 있었는지 쉽게 발견 할 수 있다. 이 그림 속에는 개와 고양이, 염소와 새가 있을 뿐만 아니라 푸르른 나무와 때묻지 않은 사람들의 모습도 있고, 우상의 모습도 보이는데 전반적인 느낌은 마치 에덴의 동산을 옮겨 놓은 것만 같다. 그러나, 고갱은 하나님 앞에서 자기의 생애가 끝나는 날까지 겸손과 믿음을 갖지 못했기에, 안타깝게도 이 유명한 그림의 전체적인 분위기는 무겁고 하나님이 계실 자리에 우상이 대신 서 있는 모습은 정말 아쉬운 사실이다.

천재적인 화가 고갱도 자기 자신의 정체성과 인생의 의미, 그리고 하나님을 발견하는 일에 실패 했다면, 인간이 자기 자신과 하나님을 발견한다는 것이 얼마나 쉽지 않은 일인가를 깨닫게 된다.

결국, 나의 많은 노력과 몇 번의 고행에도 불구하고 하나님은 나에게 침묵하셨다.
그 이유는 하나님에게 있는 것이 아니라 바로 나 자신에게 있었다. 나에게는 인간적인 많은 애씀과 수고는 있었지만, 하나님을 향한 순수한 믿음과 사랑은 없었기 때문이다.

그러나 그 하나님은 훗날, 내가 모든 인간의 노력을 포기 하고 주님 앞에 무릎을 꿇었을때, 결코 침묵하지 않으시고 놀랍게 응답하심으로 나에게 당신의 사랑과 존재를 분명하게 나타내 보이셨다.

9. 때로는 미치는 것이 사는 길이다

　대학을 다녀도 특별한 것은 없고, 술 담배로도 만족이 없으며, 방황과 고행을 해 봐도 해답은 없었기에 나의 삶은 자꾸만 메말라 갔다. 더욱이 어머니와 신앙적 갈등은 깊어만 갔다.
　그러던 어느 날, 나는 새로운 결심을 했다. 이제 한번 최선을 다하여 평소에 하고 싶었던 몇 가지 일에 힘과 정열을 쏟아 부음으로써 그 시간 속에서 삶의 보람과 기쁨을 찾고 싶었다.

　첫 번째 몰두한 것은, 운동이었다. 원래 운동을 좋아했고, 중학교 때에 턱걸이를 약 20번 할 정도로 몸이 날렵했다. 근육을 키우기 위하여 역기를 시멘트로 직접 만들었고, 누워서 역기를 들어 올리기 위하여 두꺼운 나무를 잘라서 벤치 프레스(bench press)를 만들었다. 집 마당에 기둥을 세운 뒤 샌드백을 설치하고, 평행봉과 철봉 및 자전거 타기와 등산 등으로 몸을 많이 단련시켰다.

　물론 이 모든 노력들은, 몇 년 뒤 큰 교통사고를 당해서 건강을 잃어버림으로써 열매를 맺지는 못했지만, 그래도 감사한 것은 많은 운동과 타고난 건강이 있었기 때문에 사고로 몸이 약해졌어도 수십년 동안 큰 병 없이 살아가며 주의 일을 감당 할 수 있었는지도 모른다. 그러나, 훗날 생각해 보면 젊은 시절에 너무 육체의 일에 몰두 한것이 영적인 훈련과 거룩한 삶에 너무 소홀했던 것이 아닌가 하는 아쉬움이 든다.

　두 번째 내가 몰두한 것은 소설책을 읽는 재미에 빠지는 것이다. 나의 젊은 시절에는 요즘처럼 인터넷이 없었다. 해외 문화를 알게 되고, 고상한 정신세계를 맛볼 수 있는 방법은 주로 책을 통한 독서였는데 나는 그 중에서도 특히 문학 소설을 좋아했다. 국내 소설 보다는 국외의 세계문학을 더욱 좋아했는데 그 이유는 세계적인 소설들을 통하여, 작가들의 정신세계 뿐만 아니라, 문화, 종교, 그리고 풍습 등의 다양한 영양분을 섭취할 수 있었고, 보다 넓은 세계로의 정신적인 여행이 가능했기 때문이었다. 나는 과외공부를 가르쳐서 용돈이 생기면, 가장 먼저 유명한 소설을 여러 권 구입하여 열심히 읽음으로써, 내 영혼의 목마름과 정신의 공허함을 채워갔다.
　지금도 기억나지만, 그 당시에 구입한 소설책이 200권은 넘는데 그중에 몇 권은 정말 힘들게 읽어야 했다.
　(F 카프카의 〈성〉은 너무나 난해하고, D.H 로렌스의 〈채터리 부인의 사랑〉은 외설적 이였기에 …)

　그 즈음에 내가 가장 좋아했던 문학적 분위기는 러시아 문학 이였는데, 톨스토이와 솔제니친의 소설도 즐겨 읽었지만, 나의 삶에 가장 영향을 끼친 작가는 바로 F.M.도스토예프스키였다.
　간질병 환자이며 사형수였지만 기적적으로 석방된 이후 세계 최고의 위대한 작가가 된 그의 드라마틱한 인생이 나에게 큰 도전과 감동 이었다. 게다가 그의 위대한 작품인 〈죄와 벌〉과 〈카라마조프가의 형제들〉은 나의 영혼을 완전히 뒤흔들어 놓았다.

죄와 벌은 많은 주제를 다루고 있지만, 핵심적 내용은 인간의 구원과 죄의 용서는 오직 십자가의 사랑으로만 가능하다는 진리를 강조하고 있었다.
도스토예프스키가 그렇게 주장할 수 있는 이유는, 그 자신이 사형수가 되어 시베리아 감옥에서 수년동안 큰 절망과 고통 속에 있을 때 성경 한권을 읽으면서 놀라운 진리를 깨달았을 뿐만 아니라, 큰 기쁨과 위로를 맛 보았기 때문이다.

이 소설에는 두 사람의 주인공이 등장하고 있다. 한 사람은 가난한 법대생이며, 살인자인 라스콜리니코프와 또 한사람은 윤락여성이지만, 너무나 착하고 영혼이 맑은 소냐이다. 놀라운 사실은, 사람을 죽이고도 전혀 죄책감을 느끼지 못하는 라스콜리니코프가 청순한 소냐의 권면으로 변화되고 새로운 삶을 살아간다는 사실이다.

라스콜리니코프를 변화시킨 성경 말씀은 요한복음 11장 38절에서 40절까지의 죽은 나사로의 부활에 대한 내용 이였다. 정말 감동적인 사실은, 〈썩은 냄새가 나는 나사로〉가 살아나는 성경의 기적을 읽어준 사람이 바로 윤락 생활을 통하여 〈육체가 썩은 소냐〉였고, 그 이야기를 듣고 있는 사람은 살인을 하고도 잘못을 깨닫지 못할 정도로 〈정신이 썩은 라스콜리니코프〉라는 사실이다. 결국 소냐의 권면에 따라 경찰에 자수하러 가는 도중에 러시아의 넓은 광장에 엎드려 땅에 입을 맞추면서 "나는 살인자입니다." 크게 외치며 회개하는 라스콜리니코프의 영혼과 삶 속에 예수님의 생명이 넘쳐나게 되고, 구원의 은총과 새로운 삶의 기쁨이 넘치게 된다.

이 불멸의 위대한 작품이 처음 발표되었을 때, 러시아 사회는 발칵 뒤집혔다. 그리고 어떤 작가는 이 소설을 읽고 받은 큰 감동을 이렇게 멋진 말로 표현했다. '마치 광야에서 갑자기 벼락을 맞은 것 같다.'

나도 〈죄와 벌〉이란 책을 처음 읽었을 때, 온몸에 심한 전율을 느꼈고 소설을 다 읽고 난 뒤에도 한참동안 깊은 감동에 빠진 적이 있다. 그때부터 나는 도스토예프스키를 존경하게 되었고, 당연히 그가 작품을 통하여 소개하는 기독교와 예수님을 향하여 나도 모르게 한발짝 한발짝씩 다가가고 있었다. 세월이 많이 지난 지금, 내가 왜 그토록 죄와 벌을 좋아했을까 하고 돌이켜보니 거기에는 몇 가지 이유가 있었다. 라스콜리니코프가 나와 같은 법대생이었고, 나처럼 가난했고, 그의 삶도 나의 삶처럼 고통이 많았기 때문이다. 하지만, 내가 가장 큰 감동을 받은 이유는, 바로 소냐의 모습으로 찾아오신 예수님의 끝없는 사랑 때문이었다.

죄와 벌 다음으로 크게 감동을 받은 소설이 바로 〈카라마조프가의 형제들〉이였다. 특별히 네 아들 중에서 세 아들의 모습은, 나에게 인간을 구성하는 세 가지 요소인 영과 혼과 육을 대변하는 존재로 느껴졌다. 방탕한 큰 아들 드미트리는 육적인 존재, 이성만을 의지하는 둘째아들 이반은 혼적인 존재, 그리고 순수한 신앙의 사람 알료샤는 영적인 존재 … 이 세 부류의 인간 중에서 어느 길을 따를 것인가? 하는 숙제의 해답은 바로 이 소설의 독자인 우리 자신에게 있다. 이 소설 속에는 한 인간 속에 숨어 있는 천사의 모습과 악마의 모습을 볼수 있으며, 마치 해부하듯이 인간의 내면과 정신세계를 파헤치는 날카로운 분석은 정말 도스토예프스키만의 문학적인 탁월함이다. 나는 많은 좌절과 방황의 시절에 도스토예프스키를 만난 것이 너무나 감사하고, 그의 소설들을 통하여 받은 충격과 감동과 기쁨은 마치 깊고 어두운 밤에 한 줄기 빛을 발견한 것과 같았다.

나같이 고집이 세고 불순종하며, 주님 앞에 나오기를 거부하는 사람을 사랑하셔서 예수님의 십자가 사랑을 도스토예프스키라는 천국의 우체부를 통하여 문학의 이름으로 포장한 뒤, 나에게 멋진 선물로 보내주신 하나님의 계획과 섭리가 너무나 감격스럽다. 왜냐하면, 나는 〈죄와 벌〉과 〈카라마조프가의 형제들〉이라는 두 권의 소설을 통하여 간접적으로 예수님을 만나고 있었고, 성경을 읽고 있었기 때문이다.

그 외롭고 힘겨웠던 나의 젊은 시절에, 죄와 벌을 몇 번이나 반복해서 읽으면서 큰 감동에 젖기도 하고, 〈카라마조프가의 형제들〉을 처음 읽을 때는 하룻밤을 꼬박 새웠을 정도로 푹 빠져 있던 기억이 지금도 새롭다.

그리고 내가 젊은시절에 세 번째로 몰두했던 것은 바로 노래부르기였다.

노래에 깊이 빠졌던 이유는 나에게 특별한 재능이 있거나, 목적이 있어서가 아니었다. 다만, 내 삶의 고통들로 인해 크게 멍들고 답답한 마음을 반드시 밖으로 분출시켜야 했기 때문이었다. 마치 끓어오르는 용암은 언젠가는 솟구쳐 나와야 하듯이 …

나의 노래는 입술로 부르는 것이 아니라, 가슴으로 불러졌다. 한참을 부르고 나면 마음이 한결 시원하고 후련해졌기 때문에 나도 모르게 노래를 부르고 또 부르다 보니 이것이 습관이 된 것이다. 마음이 울적하고 답답한 날에는 노래 시간이 엿가락처럼 길어졌는데, 어떤 날은 3시간 이상 노래를 부르기도 했다.

내가 노래를 부르는 장소는 주로 가까운 산이었는데, 비교적 높은 곳에 올라 갔었다.

왜냐하면, 산이 높아야 마음껏 노래를 불러도 방해를 받지 않았기 때문이었다. 그때 부르던 내 노래의 레퍼토리는 매우 다양했는데, 처음에는 은은한 가곡으로 시작하다가, 흥이 오르면 유행가와 팝송으로 옮겨가고, 끝맺음은 민요나 타령을 불렀다. 그 즈음에 내가 많이 불렀던 노래는, 'Yesterday', '아침이슬', '이루어질수 없는 사랑', '얼어붙은 저 하늘(금관의 예수)', 그리고 '비목' 등 이였다.

지금 생각해보면 그 당시 노래를 열심히 불렀던 것이 참으로 감사하다.

스트레스를 노래로 풀었기 때문에 정신건강에도 도움이 되었을 뿐 아니라, 특별히 더 감사한 것은 목청을 다하여 소리를 지르다 보니 나도 모르게 목이 트였고, 그것이 훗날 목사가 되어 설교할 때 유익한 좋은 목소리를 갖게 해 준 결정적 계기가 되었기 때문이다.

언젠가 이런 감동적인 글을 읽어본 일이 있다.

아메리카 인디언들에게는 말을 타고 힘차게 달리다가, 몇 번씩 멈춰서 한참동안 달려온 길을 뒤돌아 본 다음 다시 또 말을 타고 달리는 습관이 있다고 한다. 그 이유는 무엇인가? 이유는 간단하다. 말을 타고 열심히 달리다 보면, 육체는 말과 함께 멀리 달려왔지만, 혹시 영혼이 뒤따라오지 못했을까 하는 염려 때문에 영혼과 육체가 다시 만날 때 까지 잠시 기다렸다가, 또 다시 앞으로 힘차게 달려가는 것이다.

곧, 그들은 영혼과 육체가 조화된 삶을 살기를 힘썼던 것이다.

오늘날 많은 사람들은 인디언들을 매우 무지한 사람들로 생각한다. 그러나 그들은 오히려 이 시대를 살아가는 많은 현대인들보다 사실은 훨씬 더 지혜롭고 영적인 삶을 살아간 것이다.

나는 지난 날을 돌이켜 보면서 내 젊은 시절의 삶이 영혼과 육체가 분리된 삶, 곧 육체만 분주하고 바빴을 뿐, 영혼은 거의 잠들어 있는 서글픈 삶이였음을 발견하고 심한 안타까움을 느껴야 했다. 나는 젊음의 때에 인디언보다도 훨씬 못한 삶을 살아가고 있었던 것이다.

10. 군대생활은 너무 쉬웠다

오랫동안 젊은 날의 방황을 했지만 결코 내 삶 속에 만족은 없었다. 오히려 계속 해결되지 않고 있는 하나의 근본적인 문제, 곧 하나님과 나와의 관계인 신앙의 문제는 점점 나에게 무거운 짐이 되어가고 있었다. 그리고 당연히 어머니와 나와의 관계에도 나아진 것은 조금도 없었다.

나는 또다시 새로운 탈출구를 찾아야 했고, 결국 그것은 군 입대로 결정됐다. 시력이 좋지 않아서 안경을 쓴 것 외에는, 워낙 남다르게 단련시켜왔던 몸이라 나에게 있어서 군대 생활은 의외로

쉬웠다. 가장 힘들다는 유격훈련도 내가 평소에 하던 운동량과 별 반 차이가 없었다.

군 복무를 하던 곳은, 철원이었는데 답답한 서울을 떠나 전원 풍경으로 가득 찬 곳에서 군 생활을 하다보니 신선하기까지 했다. 그런데, 제대를 몇 달 앞두고 내 몸에 조금 문제가 생겼다. 그 당시 북한에서는 많은 땅굴을 파서 대한민국을 어지럽히는 상황이 있었고, 그 땅굴 중의 하나가 내가 있던 부대 근처였다.

나는 정보과에서 근무를 하고 있었는데, 전화 일곱대를 주야로 받으며 바쁘게 보내야 했고, 계속되는 과로로 위장병이 생겨 밥을 제대로 먹지 못해 몸 상태가 매우 약해진 것이었다. 나는 잠시 휴가를 얻어서 집에 다녀오게 되었고, 어머님은 나를 위하여 여의도 순복음교회 조용기 목사님께 안수기도를 부탁드려 놓았다. 사실, 믿음이 없었기에 기도를 받는다고 위장병이 나을 것이라고는 기대를 하지 않았었다.

다만 유명한 목사님 얼굴 한번 뵙는 것으로 감사했다. 그런데 안수기도를 받고 군부대로 돌아온 뒤 며칠 후, 위장병이 깨끗하게 고쳐진 사실을 알게 되었고 매우 놀랐다.
"아 … 종교에도 무언가가 있기는 있구나!"
이 사건은, 나의 생애 속에서 매우 중요한 일이 되었다. 나와 조용기 목사님과의 첫 만남이였을 뿐만 아니라, 내가 직접 하나님의 손길과 기적을 체험하는 계기가 되었기 때문이다.

　나의 지나온 삶을 돌아보면 나의 곁에는 늘 하나님이 동행하셨고 때때로 나의 삶 속에서 하나님의 살아계심을 나타내 주셨다. 하지만 나는 계속해서 고집 센 야곱처럼 하나님과 동행 하는 것을 거부한 채 나의 힘과 나의 방법대로 살아 가려고 노력하고 있었다. 그러므로 야곱의 생애 속에 다가왔던 큰 고통의 시간이었던 돌베개 베고 자는 밤과 얍복나루터의 외로운 밤이 서서히 내 삶에도 다가오고 있었다.

2장
삶과 죽음의 갈림길에 찾아오신 하나님

1. 26살에 죽음을 마주보다

1976년 8월초 어느 날 이었다.

나는 경주용 자전거를 타고서 온종일 내리는 빗 속을 뚫고 임진각을 다녀오고 있었다. 그 당시 나는 오랜 세월동안 나의 삶과 가족에게 계속해서 다가온 많은 고통들로 인하여 몸과 마음이 모두 지쳐 있었다. 더욱이 나를 하나님의 종으로 인도하기 위하여 밤낮으로 기도하시는 어머니의 말씀에 순종하지 못하는 불효 때문에 깊은 번민에 빠져 있었다. 그러므로 나는 탈출구를 찾을 수밖에 없었고, 결국 해외출국을 결정하게 되었다.

이제, 20여일 후에 한국을 떠나면 언제 다시 돌아올지 모르는 출국이었기에 내 마음은 말할 수 없이 무거웠다. 그뿐만 아니라, 출국 사실을 부모님에게 말씀드리지 않고 떠나기로 결심했기에 자식된 도리로 그 죄송한 마음은 말로 표현할 수가 없었다. 나는 마음의 울적함을 떨쳐 버리기 위하여 오늘 하루는 힘껏 달리기로 작정한 뒤 싸이클에 올라 힘차게 페달을 밟았다.

그런데 도대체 무슨 일이 일어난 것일까? 임진각을 돌아온 뒤에 분명히 문산 근처까지는 온 것 같았는데 … 아무리 생각해도 기억의 필름은 끊어져 버렸고 교통사고 당시의 상황은 아무것도 생각나지 않는다. 다만 기억나는 것은 사고 후 외부의 심한 충격으로 잠시 깨어났을 때 느꼈던 짧은 기억들 뿐이다.

사고가 난 뒤 가장 먼저 있었던 기억은 큰 충격으로 의식을 잃은 나를 간호사가 자꾸만 몸을 흔들며 깨우던 일이다. 나의 가족이나 내가 아는 사람의 전화번호를 묻는 내용이었다. 얼마 후 교통사고 소식을 듣고 급히 달려온 나의 가족들의 울부짖음으로 문산에 있는 작은 병원은 무척 소란했다. 나는 그 당시 온몸이 찢어지고 터져서 8시간 동안 계속 피를 흘리고 있었기에 생명이 몹시 위독한 상태였다. 나의 가족들은 나를 서울의 큰 병원으로 옮길 것을 결정하였다. 일분일초가 급한 상황이라 나와 가족을 태운 택시는 빠른 속도로 달렸는데, 몇 번이나 급정거할 때마다 혼수상태에 빠져 있던 나는 문득 정신을 차리곤 했다. 그것은 차가 급하게 설 때마다 사고당시 부러져서 허벅지를 뚫고 나온 넓적다리의 두 뼈가 서로 부딪치는 충격으로 극심한 고통이 다가왔기 때문이다.

서울의 큰 병원 중환자실에 도착한 후 나의 몸 상태는 몹시 위독했기에 급히 수술을 해야 했지만 온몸의 심한 충격과 많은 상처 때문에 몸의 열이 너무 높아져서 수술할 수 가 없었다. 그러므로 열을 식히기 위하여 내 몸은 큰 얼음덩어리 위에 눕혀졌고 뼛속까지 파고드는 추위 때문에 잠시 의식이 돌아왔다. 그때 나는 마치 북극의 빙판위에 혼자 남아 있는 듯한 극도의 외로움과 이 세상에서 홀로 버려진 듯한 슬픔을 느껴야만 했다.

그 뿐만 아니라 어느 날 내 다리의 무릎 뼈 속으로 쇳조각이 지나가는 거북스러움 때문에 정신을 차렸는데 그것은 심하게 부러진 대퇴골 수술을 앞두고 다리를 고정시키기 위하여 연골 사이로 송곳 같은 드릴(drill)을 돌리면서 집어 넣는 작업이었다. 그 때의 오싹한 느낌은 소름끼침 그 자체였다.

큰 교통사고의 충격으로 깊은 잠에 빠진 채 생사의 고비를 넘나들다가 기적적으로 의식을 회복한 것은 한 달이 지난 뒤였는데 그 때 가족을 통하여 들었던 교통사고의 상황은 다음과 같았다.

문산 근처의 커브 길에서 운전면허도 없는 19살 젊은이가 아버지의 8톤 트럭을 운전하다가 나를 들이 받았는데, 그 충격으로 나는 자전거와 함께 공중에 떠오른 뒤 땅바닥에 떨어졌고 논두렁까지 굴러갔다. 마침 그 근처에 정차하고 있던 군인 트럭의 사병들이 나를 발견하고 문산 시내에 있는 병원에 입원시켰다. 그러나 심한 출혈로 생명이 위태롭기에 서울의 큰 병원으로 옮겨서 잘 치료 받고 있으니 이제는 안심하라.

그러나 그 당시 나의 몸 상태는 결코 안심할 상황이 아니었다. 내가 의식을 잃고 있던 한 달 동안 몇 번의 수술을 받았는지? 의식을 회복한 뒤에는 앞으로 몇 번의 수술을 또 해야 되는지에 대하여 누구도 정확하게 말해주지 않았다. 그 때 내가 가족에게 묻고 또 물어서 들었던 내 몸의 상태는 이러했다.

좌측 콩팥이 파열되었고, 췌장 끝부분이 터졌으며, 비장도 파열되었다. 대퇴골은 심하게 부러지면서 허벅지를 뚫고 밖으로 튀어나왔기에 오른쪽 골반뼈를 잘라서 뼈를 붙였다. 작은 창자가 여덟 군데 터져서 봉합했고, 큰 창자는 두군데 잘라냈다. 턱은 심하게 으깨어 졌으며 왼쪽 발등 위의 살점이 다 떨어져 나갔기에 넓적다리에서 살을 여러 번 떼어내어 성형하는 수술을 기다리고 있다는 것이다.

그해 여름에 사고가 나서, 가을이 지나고, 겨울이 가고 또 다시 봄이 오고, 여름이 깊어졌을 때, 병원에서 퇴원했으니 내 나이 26살의 그 황금 같은 세월을 나는 일년동안 죽음과 싸우며 혹독한 시간을 보내야했다.

교통사고의 고통이 얼마나 심했던지… 침대위에서 3개월 이상 누워 있다가 사고이후 처음으로 병원 복도를 밟았을 때의 몸무게가 37kg도 되지 않았고 병원생활 1년 동안에 수술받은 것이 10번, 수많은 종류의 주사 맞은 것은 최소한 600대가 넘을 뿐만 아니라, 강제로 금식한 것이 30일 이상이요, 내 몸에 남은 수술자국만 1m가 훨씬 넘는다.

그러나 참으로 놀라운 것은 나의 몸에 있는 많은 장기 중에서 수술로 떼어낸 장기들은, 비록 없어도 살아가는데 큰 지장이 없는 것들 이었고 사람의 신체에서 가장 중요한 머리와 목과 척추뼈는 다치지 않았기에 지금까지 정상적인 삶을 살아가고 있다는 사실이다.

2. 중환자실과 인생터미널

어느 날, 중환자실의 간병인 아주머니가 침대보를 바꿔주기 위하여 내 몸을 옆으로 눕히는데 몸이 흔들리면서 큰 통증이 왔고 그 고통으로 인하여 잠시 의식이 돌아왔다. 그때 나는 도무지 이해할 수 없는 병실의 분위기 때문에 어리둥절했다. 왜냐하면 한 청년이 과자를 맛있게 먹으면서 중환자실에서 간호원들과 함께 큰 목소리로 웃으면서 이야기를 하고 있었기 때문이다. 그 과자는 소리를 들어보면 분명히 맛있는 〈새우깡〉인 것을 알 수 있었다.

그 특유의 바삭바삭하며 부서지는 소리를 …

교통사고가 나기 전까지 나는 매우 건강했고 식성도 좋았다. 비록 큰 사고 때문에 병원에 입원한 채, 식사가 금지되어 여러 날 굶고 있는 형편이었지만, 먹고 싶은 식성은 여전했다. 그러므로 그 청년의 행동은 굶고 있는 나에게 너무나 무례한 것이었다. 나는 청년에 대해 궁금해졌다.

'저 청년은 어떤 팔자이기에 중환자실에 입원해서 맛있는 과자를 먹고 저렇게 웃으면서 이야기를 나누고 있는 것일까? 어떤 병으로 입원한 것일까?'

그 청년 때문도 짜증도 나고, 한편으로는 부럽기도 했지만 이런 복잡한 마음은 결코 오래 갈 수 없었다. 잠시 후 나는 다시 또 깊은 잠에 빠져 들었기 때문이다.

한 달이 지난 후, 의식이 돌아온 뒤에도 그 청년에 대한 궁금증은 계속 되었다. 3개월 이라는 길고 긴 침대 위의 생활을 마치고 처음 땅바닥을 밟았던 날, 제일 먼저 찾아간 곳은 중환자실이었다. 그러나 담당간호사를 통하여 들은 그 청년에 대한 이야기는 내 마음을 몹시 무겁게 만들었다.

그 젊은 청년은 뇌종양 중증환자였다. 어차피 이 땅 위에 살아 있을 시간이 많지 않았기 때문에 병원에서는 먹고 싶은 음식을 허락하였고, 간호사들도 젊은이의 아픔을 안타까워하며 함께 위로해 준 것이었다. 결국 새우깡을 맛있게 먹던 그 청년은 얼마 후, 세상을 떠났다. 그러나 그때 같은 병실에서 삶과 죽음의 고비를 넘기며 고통을 겪던 나는 살아난 것이다.

나는 그때 매우 중요한 사실을 깨달았다. 인간이 살고 죽는 것이 결코 사람의 힘으로 되지 않는다는 것과, 중환자실은 어쩌면 인생 터미널이라는 사실을 … 왜냐하면, 중환자실에서 회복되면, 웃으면서 일반 병실로 올라가지만 만일 상황이 어려워져서 얼굴과 몸에 하얀 천을 덮으면 어쩔 수 없이 영안실로 내려가기 때문이다.

나는 병원에 입원한 뒤 처음으로, 하나님께 감사했다. 비록 새우깡을 먹지 못하고 그 소리만 들어야 했던 힘겨운 시간이 있었지만, 그래도 죽지 않고 다시 살아 날수 있었음을 …

3. 제발, 기도 좀 그만해 주세요!

교통사고의 충격으로 한 달 동안 의식을 잃고 있던 어느 날, 부러진 뼈가 맞닿는 큰 충격에 잠시 정신을 차렸는데 예상치 못한 상황을 만나게 되었다.

어머니는 하나님을 경외하는 권사님이셨는데, 평소에 여러 권사님과 집사님들과 함께 방황하는 큰아들인 나를 위하여 중보기도를 하고 계셨다. 그런데 그 아들이 큰 교통사고로 사경을 헤매고 있다는 소식을 들으시고 그 분들이 급히 찾아 오셔서 기도해 주고 계신 것이었다.

어떤 분은 소리를 지르시고, 어떤 분은 울부짖으시고, 어떤 분은 방언으로.

그때의 모습은 정말 부흥회 때 통성기도 드리는 모습과 흡사했다. 그런데 문제는 몇몇 분이 침대를 붙잡고 흔들면서 간절히 기도하셨기 때문에 내 몸 전체가 흔들렸고, 허벅지를 뚫고 나온 두 뼈가 서로 부딪히는 충격 때문에 나는 이빨을 악 물고 참아야 했다. 그 분들은 나를 위해 간절히 기도해 주셨지만, 나는 너무 통증이 심해서 그분들을 위하여 기도 아닌 기도를 드려야 했다.

"정말 고마운데요 … 제발 기도 좀 그만 해 주시면 안되겠습니까? 너무 아파서 나는 지금 죽을 지경이거든요!"

훗날 그때의 일을 생각해보니 그분들의 간절한 기도가 있었기에 그 까다로운 대퇴골 수술을 잘 마칠 수 있었고, 정상적으로 걸어 다닐 수 있는 은혜를 얻게 된 것 같다.

4. 그때 나에게는 아무것도 없었다.

　병원에서 느꼈던 가장 큰 충격중의 하나는, 의식이 회복된 후에 내 눈으로 나의 모습을 보았을 때의 엄청난 당혹감이었다. 교통사고 나기 전과 사고 후의 모습은 시간적으로 몇 달 되지 않았다. 그러나, 너무 심하게 변해버린 스스로의 모습과 이런 모습으로 살아가야 한다는 막막하고 슬픈 현실을 도저히 받아들일 수가 없었다. 완전히 으깨지고 부서진 모습을 …

　그 뿐만 아니라 수술을 받을 때마다, 내 몸의 장기들이 하나하나 떨어져 나가는 모습을 바라보고 있노라면 한없는 우울함과 죽음에 대한 불안함이 몰려오고, 게다가 '이 엄청난 재앙이 왜 하필이면 나에게 왔는가?' 하는 의문은, 때론 원망과 분노로 나타났다. 그러므로, 모두가 잠이든 깊은 밤중에 혼자 깨어난 채 겪어야 하는 외로움은 정말 견딜수 없는 고통이었다.

　내가 교통사고 초기에 누워있던 침대는 매우 특별한 것이었다. 침대의 네 모퉁이에는 쇠파이프로 기둥이 세워졌고, 윗부분도 파이프로 연결해서 사각틀을 만들었는데 사각 틀의 중간쯤에는 두개의 둥근 손잡이가 설치되었다. 이 둥근 손잡이는 체조 운동 중에 쓰이는 링처럼 생겼다. 병원에서 이런 사각틀과 링을 만들어준 이유는 내가 오랫동안 누워만 있어서 등허리 전체의 습진과 피부병이 생겼는데 이것의 확산을 막기 위해서였다.

내가 지금도 병원생활을 회상 할 때마다 한 가지 후회하는 일이 있다. 침대 위에서만 석 달을 지낼 때의 그 죽음의 그림자가 덮혀 있던 나의 모습을 사진으로 찍어두지 못한 것이다. 내 몸의 이곳저곳에 흔적은 또렷이 남아있지만 …

그 당시 이 희한한 침대에 누워있던 나의 모습은 췌장 터진 부위에서 계속 흘러나오는 불순물을 받아내는 호스가 내 몸과 병원의 벽에 연결되어 있었기에 침대에서 내려오지 못한 채 3개월 동안 꼼짝하지 못하고 누워 있어야 했다.

그리고 부러진 넓적다리의 수술이 끝난 뒤에 움직이지 못하도록 고정 시키기 위하여 침대와 사각틀의 중간 높이에 수술한 다리를 걸쳐 놓을 고정장치를 만들어 놓은 뒤, 그곳에 올려놓은 채 몇일 동안을 지내야했다.

뿐만아니라 오른손에는 계속해서 수혈을 하는 피주사가 꽂혀 있었고, 왼손에는 약해진 몸을 보강하기 위하여 계속 영양제를 맞는 바늘이 꼽혀 있었다.

얼마나 많이 다쳤는지, 그 당시 병원의 회진 시간이 되면, 담당 의사 선생님 한분만 오시는 것이 아니라, 여러분이 함께 오셨다. 외과, 내과, 정형외과, 치과, 피부과, 성형외과 …

왜냐하면 내 몸은 다치지 않은 곳이 없었고, 머리 끝에서 발 끝까지 성한 곳이 거의 없었기 때문이다.

그때 나의 모습은 사람의 모습이 아니였다. 그리고 그때 나에게 남은것은 정말 아무것도 없었다. 그 어떠한 희망도 … 살아난다는 보장도 … 그리고, 나의 자존심도 …

지금 그때의 괴로움과 무기력함을 설명한다는 것은 결코 쉬운 일이 아니다. 그 모습은 어쩌면 사람이 세상을 떠날때의 마지막 모습과 비슷할것 같다. 계속되는 수술로 몸과 마음이 몹시 지쳐 있었고 오랫동안 식사를 제대로 하지 못한 탓에 계속 잠만 자고 있는 … 때론 의식이 돌아와도 말을 할 힘이 없고 눈꺼풀이 너무 무거워서 눈 뜨는것 조차 힘이 든 철저한 무력감 …

나는 그때 26살의 젊은 나이였지만, 언젠가 늙어서 세상을 떠나기 직전의 내 모습을 미리 두 눈으로 볼 수 있었다.

그뿐만 아니라 내가 누워있던 준중환자실 병실 천정에는 언제 내 몸에 발생할지 모르는 긴급 상황을 신속하게 치료하기 위하여 24시간 동안 모든 형광등을 켜놓았는데, 그 을씨년스러운 모습은, 나의 가족이나 간호사가 웃음과 말을 잃어버린 침울한 분위기와 함께 긴장감을 더해주었다.

결국 내가 살아난다는 보장은 실낱같이 희미해져 갔고 그때 내가 할 수 있는것은 정말 아무것도 없었다.

병원에서의 많은 고통 중에서 가장 심한 고통은 바로 〈장폐색〉
으로 인한 고통이였다.
　교통사고의 충격으로 작은 창자가 여러 곳 파열되었는데, 수술
이 잘되어서 터진 곳을 잘 꿰맸다. 그러나 수술한 창자는 자연히
좁아지게 되었고, 오랫동안 음식을 제대로 먹지 못했기에 장의 활
동이 많이 약해져갔다. 더욱이 계속 누워 있으면서 몸을 움직이지
못하니 장의 기능이 점차 약해질 수 밖에 없었다.
　그러던 어느 날, 몸이 좋아지는 듯해서 찹쌀떡을 한 두개 먹었는
데 장을 통과하지 못하고 막혀 버려서 갑작스럽게 장폐색의 고통
이 시작되었다.

　이 고통을 말로 다 표현하는 것은 불가능하다. 왜냐하면 갑자기
배 안에 있는 창자들이, 마치 롤러코스터를 타듯이 위아래 좌우
로 요동치는데 그 고통이 얼마나 심한지, 숨도 제대로 쉬지를 못한
채 이를 악물고 계속 고통을 참아야 했기 때문이다.

　이 장폐색을 몇 달 동안 3~4번 겪었는데, 한번은 내 곁에 아무
도 없을 때 이 고통이 시작되었다.
　얼마나 갑작스럽고 힘들던지 … 바로 옆에 간호사실이 있고, 앞
뒤에 많은 병실의 보호자가 있었지만, 도와 달라고 한마디 소리를
지를만한 여유조차 없을 정도로 고통이 심해서 거의 한 시간동안
몸부림을 치다가 살아난 기억도 있다. 그때 의사선생님이 나를 위

로하기 위하여 말씀했다.

"이 고통은 산모가 애기를 낳는 고통보다, 몇 배나 더 힘듭니다."

장폐색의 진통으로 여러 번 죽을 고생을 한 나는 차라리 감옥에 갇혀 있는 것이 훨씬 행복하겠다는 생각을 종종 하기도 했다. 감옥에는 이런 끔찍한 고통은 없을 테니까 …

사실 병원에 입원해 있는동안 때때로 견딜수 없는 고통이 다가올때면 문득 문득 자살에 대한 유혹을 느꼈다. 내 몸에 여러개의 호스가 꼽혀 있었기 때문에 그중 한 두개만 뽑아 버린다면 죽는 것이 결코 어려운 일이 아니였다.

그러나 나는 이 마지막 선택을 하지 않았다.

왜냐하면 부모님과 가족들에게 더 이상의 슬픔을 주고 싶지 않았고, 어머니의 많은 기도가 있기에 앞으로 어떤 좋은일이 있지 않을까 하는 기대감도 있었기 때문이었다.

그런데 정말 내가 그때 죽지 못했던 이유는 바로 나 자신 때문이었다. 비록 하나님을 떠나 비틀거리며 방황은 했지만 너무도 치열하게 살아왔던 내 젊은 날의 땀과 시간들이 너무 아까웠기 때문이다. 결국 나는 내 인생이 너무나 억울해서 죽을수도 없었다.

또 다른 한 가지 고통은, 부러진 대퇴골을 붙이는 〈접골 수술〉이 끝난 뒤에 온 고통이었다. 그 고통은 장폐색 때의 진통과는 전혀 달랐지만 고통의 무게는 거의 비슷했다. 그 괴로움은 커다란 트력의 바퀴가 나의 넓적다리를 계속해서 짓누르고 있는 아픔 이였는데, 그 고통은 3~4일동안 한순간도 끊이지 않고 지속되었다. 지금 생각해보면 그 고통이 그토록 심했던 이유는 대퇴골이 너무 심하게 부서지면서 많은 조각이 났기 때문이었던 것 같다.

물론 이 수술 후에 병원에서는 고통을 줄이기 위하여 진통제를 놔주었는데, 나에게는 아무런 효과가 없었고, 밤에는 통증이 너무 심해서, 며칠 밤을 뜬 눈으로 셀 수 밖에 없었다. 결국 나는 더 강력한 진통제를 요구했고, 어느 날 병원에서 나에게 희한한 진통제를 놔 주었는데, 그 약효는 100%였다. 그 진통제를 맞자마자 지옥같은 고통을 겪던 나에게 놀라운 평안이 몰려왔다. 지금도 그때의 감동을 기억하고 있는데 주사를 맞자마자 코에서 향기가 났고, 지독한 통증은 순식간에 사라졌을 뿐만 아니라, 너무 기뻐서 콧노래가 나오고 며칠 동안 잠을 못자던 내가 깊은 잠에 빠져 들었던 기억이 난다. 나는 잠에서 깨어나면, 또다시 그 약을 원했고 몇 차례 그 주사를 맞았다.

어느날, 간호사가 나에게 와서 심각하게 말했다.
"초 선생님, 이 진통제는 병원에서 허락하는 모르핀(마약)입니다. 더 맞으시면 중독이 되어서 더 좋지 않은 결과가 올 수도 있으니까, 이제 꾹 참으셔야 되요."
나는 잠시 동안 마약이 가져다 준 꿈같은 기쁨을 잊어버리기 위하여, 마음을 모질게 먹어야 했다.

5. 물고기 환상

　계속 이어진 수술과 제대로 음식을 먹지 못하는 상황이 계속되면서 몸과 마음은 지칠 대로 지쳐서 늘 잠에만 빠져 들었다.
　그러던 어느 날, 비록 짧은 시간 동안이었지만 나는 놀라운 영적 사건인 환상을 경험하게 되었다.
　그 환상은 하나님이 직접 나의 영혼에 허락하신 놀라운 은총이었고, 결코 부인 할 수 없는 분명하고 강력한 하나님의 메시지였는데 훗날 생각해보면, 이 사건은 나같이 부족한 사람이 감당하기에는 크고 기이한 하나님의 사랑이었다.

　그날 나는 준중환자실에서 잠이 들어 있었다. 그런데 갑자기 비몽사몽간에 천정에서 큰 손이 내려 오기에, 위를 쳐다보니 그 손에는 큰 잉어가 퍼덕 퍼덕 거리고 있었다.

　잠시 후, 그 큰손이 잉어를 도마 위에 올려 놓은 뒤에 능숙한 솜씨로 요리하기 시작했다. 먼저 퍼덕거리는 잉어의 머리를 칼 등으로 내리쳐서 정신을 잃고 조용하게 만든 뒤에, 비늘을 벗기고 지느러미를 자르더니, 배를 가르고 내장을 모두 꺼낸 다음 물로 깨끗하게 씻은 후, 끓는 기름에 넣고는 맛있게 튀겨서 큰 잔칫상 위에 올려 놓는 것이 아닌가?

이것이 꿈인지 … 생시인지 알 수 없는 일은, 잠시 짧은 시간 동안에 일어났는데 …

나는 그때의 놀라움을 무려 35년이 지난 지금도 또렷하게 기억하고 있다. 사실 나는 이 꿈을 꿀때 너무 갑작스럽기도 하고, 그 내용도 생소했기에 처음에는 쉽게 이해할 수가 없었다. 그러나 이 꿈과 환상이 진행될수록, 이 꿈이 결코 평범한 것이 아님이 느껴졌다.

왜냐하면, 꿈 속에서 본 〈도마 위의 잉어〉의 모습과 교통사고를 당한 뒤 〈침대 위에 계속 누워있는 나〉의 모습이 너무나 똑같았기 때문이다.

큰 손은 바로 하나님 … 잉어는 바로 나 자신 …

큰 손에 잡힌 채로 퍼덕거리는 잉어는, 하나님의 손에 잡혔음에도 불구하고 계속 반항하는 나의 모습 …

도마는 바로 병원 침대 … 잉어가 칼 등에 맞고 조용히 누워 있는 것은, 내가 트럭에 부딪힌 뒤 의식을 잃어버린 채 누워 있는 모습이다.

비늘과 지느러미를 잘라낸 것은, 나의 세상에 대한 미련을 잘라낸 것 …

칼로 고기의 배를 가르는 것은, 두 번 있었던 복부 수술 …

내장을 꺼내어 버림은 내 몸에서 콩팥, 췌장, 비장 등의 장기를 잘라내는 것뿐만 아니라, 영적으로는 내 속에 남아있던 죄와 불순종, 고집과 원망과 혈기를 뿌리 채 뽑아낸 것 …

깨끗한 물로 씻는 것은, 하나님의 말씀으로 나의 영혼과 육체를 정결케 하는 것이며, 끓는 기름에 튀기는 것은, 바로 성령의 불같은 은혜를 받음을 의미했다.

나는 나의 삶을 물고기의 모습으로 비유하여 보여주신 하나님의 환상으로 인하여 크게 놀랄 수밖에 없었다. 그런데 이 환상 중에서 마지막 부분인 〈큰 잔칫상〉이 과연 무엇을 의미하는 것인지 정확하게 알 수 없었다. 그러므로 이 놀라운 환상을 마음 깊은 곳에 간직한 채 살아 왔는데, 잔칫상의 의미를 분명하게 깨달은 것은 세월이 한참 지난 뒤에 내가 여의도순복음교회의 대교구장이 되어 세계최대 교회의 대성전에서 설교를 할 때였다. 더욱이 영적 큰 잔치인 신년 축복 다니엘 성회 때 수많은 성도들이 가득 찬 그 자리에서 설교하면서 더욱 분명하게 느낄 수 있었다. 그때가 1991년이였으므로, 내가 교통사고를 당한지 15년이 지난 뒤의 일이였다.

그런데 왜 하나님은 이 놀라운 환상을 나에게 보여주신 것일까?

왜 내게 이런 환상이 보였을까를 생각해 보았다.

하나님은 방황하던 한 청년을 주님의 종으로 세우기로 작정하셨다. 그러나 청년은 하나님의 초청을 거절하고 반항하다 큰 교통사고를 당한 채 병원에 입원하여 삶과 죽음의 경계선에서 많은 고통을 겪고 있었다.

하나님께서는 그 청년을 위로하고 용기를 주기 위하여 놀라운 환상으로, 그 청년을 향한 하나님의 뜻과 계획을 분명하게 알려주신 것이다. 당시 청년은, 믿음이 없었고 고통이 너무 컸기에 그 꿈과 환상을 100% 믿음으로 받아들이지는 못했지만 결코 그 희한하고 놀라운 꿈을 잊을 수는 없었다.

왜냐하면 그 짧은 꿈속에 들어있는 놀라운 하나님의 사랑은, 죽음으로 가득했던 나의 삶을 순식간에 생명에 대한 기대감으로 바꿔놓았기 때문이다. 그뿐만 아니라, 그 날의 감격은 나의 영혼에 깊이 도장같이 새겨져 있었기 때문에, 세상을 바쁘게 살아갈때도 문득문득 떠올라 하나님의 은혜를 감사하게 만들었다.

더욱이 나의 인생에 힘겨운 날이 다가 올때면, 언제나 나는 병원생활을 회상하면서 새 힘을 얻었는데, 이 물고기 환상은 긴 투병생활 중에서 가장 큰 기쁨을 주는 잊을수 없는 사건이었다. 결국 이 환상은 그 복된 날 이후부터 나의 삶을 이끌어준 하나님이 주신 〈영적인 등대와 불기둥〉이 된것이다.

사실, 갑작스럽게 교통사고를 당한 뒤 인간이 경험할 수 있는 가장 극한 상황의 고통을 겪었지만, 정말 나를 괴롭게 한 것은 육체적인 고통이 아니라 정신적인 고통과 신앙적인 심한 갈등 때문이었다.

이 세상에는 악한 사람도 많은데 왜 하필이면 내가 이 고통을 겪어야 하는가?
이렇게 많은 수술을 한 부실한 몸으로 어떻게 세상을 힘차게 살아갈 수 있을까?
하나님은 사랑이라고 들었는데 이렇게 혹독한 고통을 주는 것도 사랑이란 말인가?
그렇다면 이런 고통을 주면서까지 나를 사랑하시는 목적은 도대체 무엇일까?
이 모든 것은 교통사고 이후 줄기차게 계속된 의문이었지만, 결코 내 힘으로는 풀수 없는 어려운 숙제였다.
그러나 하나님께서는 나의 마음 깊은곳에 숨어있는 고민을 꿰뚫어 보시고 이 환상을 선물로 주신것이다.
그러므로 이 사건 이후 나는 분명하게는 알수 없었지만, 내가 겪은 교통사고의 큰 시련속에 무언가 하나님의 뜻과 계획이 숨어 있는것 같은 기대감을 갖게 되었다.

"그는 또 그 번제 희생의 가죽을 벗기고 각을 뜰 것이요 제사장

아론의 자손들은 단 위에 불을 두고 불 위에 나무를 벌려 놓고 아론의 자손 제사장들은 그 뜬 각과 머리와 기름을 단 윗불 위에 있는 나무에 벌여 놓을 것이며 그 내장과 정강이를 물로 씻을 것이요 제사장은 그 전부를 단 위에 불살라 번제를 삼을찌니 이는 화제라 여호와께 향기로운 냄새니라"(레 1:6~9) 라는 말씀이 생각난다.

6. 대들보와 문풍지

몸이 성한 데가 없을 정도로 온몸을 다쳤기에 병원에서는 먼저 생명과 직결된 위급한 수술부터 시작했다.

그런데 급한 수술은 어느 정도 끝이 난 어느 날, 우연히 오른손 엄지손가락을 만지다가 심한 통증을 느꼈다. 교통사고 때 손가락도 부러진 것이다. 사고 이후 나는 계속 의식을 잃고 있었고, 의사 선생님들은 큰 수술부터 신경 쓰다보니 아직까지 손가락이 부러진 것을 모른채 시간이 흐른 것이다. 정확한 검사를 부탁했고, 손가락이 골절된 것이 분명해졌다. 그러나 담당 의사선생님이 워낙 바쁘셔서 그런지, 나에게 별로 신경 써주지 않는 것 같았다.

나는 어느 날 볼멘소리로 말했다.

"선생님, 왜 손가락이 부러졌는데도 며칠이 지나도록 치료를 해주지 않습니까?"

그때 담당선생님이 어이가 없다는 표정으로 웃으면서 나에게 한 말하였다.

"아니 … 대들보 부러진 것을 고쳐 놨는데 … 문풍지 찢어진 것 같고 뭘 그래요."

그 말 속에는 생명과 관련된 큰 수술들은 잘 끝났으니, 먼저 그 사실에 감사하고 그다음 이제 남은 치료와 수술은 크게 염려하지 않아도 된다는 메시지가 들어 있었다.

그때 나는 이런 생각이 들었다.

"의사는 손으로 사람의 몸만 치료하는 것이 아니라, 말로도 환자의 마음을 치료하는구나 … 정말 멋진데 …?"

나는 그날 의사선생님의 지혜로운 답변을 듣고 오랜만에 한번 크게 웃을 수 있었고, 나의 고민을 문학적으로 표현해서 위로해 준 그 멋진 유머를 오랫동안 기억하고 있다.

7. 저 높은 곳을 향하여

병원생활이 길어질수록 환자가 힘들어지는 이유 중의 하나는, 혼자 남은 자가 견뎌내야 할 외로움과 병원에서의 단조로운 삶에서 다가오는 권태와 무기력이다. 처음 사고 났을 때는, 많은 사람들이 놀라서 찾아오고 위로하며 기도도 해 주었지만 병원생활이

한 달을 넘은 후로는 찾아오는 사람도 적어졌고, 외로움과 무기력은 깊어져 갔다.

어느 날, 어디선가 아름다운 찬송소리가 병원에 울려 퍼졌다. 알고 보니 영락교회 성도들로 구성된 병원 전도팀의 찬양이었다. 그 날 나는 나의 가족을 통하여 그분들을 초청했고, 그들은 기꺼이 나의 병실에서 아름다운 찬양을 불러 주었다. 비록 짧은 시간이었지만, 그분들이 들려주는 찬양을 통하여 하나님이 살아계신 것 같다는 느낌을 받았고 나의 영혼에도 많은 평안을 얻었다.

세계적인 명작인 신곡을 쓴 A.단테는 언젠가 이런 뜻 깊은 말을 했다.
"극도의 슬픔은 인간을 신과 맺어준다."
곧 고통은 바로 인간과 하나님을 묶어주는 아름다운 끈과 줄이라는 의미이다. 그런데 이 멋진 말은 그날 영락교회 성가대를 통하여 나의 삶 속에 다가온 것이다.

얼마 후, 나의 삶 속에 또 다시 찬양을 통하여 영혼의 힘을 얻는 일이 생겼다. 힘겹고 지루한 투병생활로 지쳐있는 나에게 나의 큰누님이 병실에 찾아와서 한참동안 나를 물끄러미 쳐다보고 있었다. 나의 생명이 위태롭다는 말을 들은 모양이다. 그런데 잠시 후, 가방에서 찬송가를 꺼내더니 내 머리맡에서 찬송을 부르기 시작했는데 … 그 곡은 바로 〈성자의 귀한 몸〉이었다. 얼마나 간절하고 구슬프게 찬송을 부르는지, 나의 마음도 함께 울고 있었다.

갑자기 큰 사고로 인해서 죽음과 싸우고 있는 … 많은 수술로 인하여 전혀 기운이 없이 지쳐버린 동생 … 고통 속에 숨어 있는 하나님의 뜻을 찾기보다는 반항하며, 신앙을 거부하는 동생 앞에서 눈물을 흘리며 불러주는 누님의 찬송은 강하게 내 마음의 문을 두드렸고, 내 영혼에 생기를 불어 넣어 주었다.

그날 나는 겉으로는 아무 일도 없는 것처럼 눈을 감고 있었지만, 누님이 찬송가를 절반쯤 불렀을 때 나도 마음 속으로 함께 찬송을 따라 부르고 있었고 찬송이 거의 끝날 때쯤에는 눈물을 애써 참고 있었다. 누님이 병원을 떠난 뒤, 나는 비록 침대에 누워있는 형편이었지만 병원에 입원한 후 처음으로 하나님께 마음의 무릎을 꿇고, 잠시 기도드렸다.

'주님 …정말 주님은 살아 계십니까? 내가 주의 종이 되기를 원하십니까? 과연 이 무서운 고통 속에 하나님의 뜻이 있습니까? 만일 그렇다면 … 나를 살려주세요!'

그런데 참으로 놀라운 일이 일어났다.

죽음의 그림자와 나의 인생에 대한 염려 때문에, 거의 식사를 할 수 없을 정도로 지치고 낙심했던 내가 그날 누님의 찬양으로 은혜를 받았을 뿐 아니라 나 스스로의 기도로 평안을 얻게되자 음식을 조금씩 먹게 된 것이다. 그러므로 체중이 40kg도 되지 않던 내가 식사를 하면서부터 체중도 조금씩 늘어나고, 건강도 회복하기 시작했다. 결국 나는 이 두 번의 경험을 통하여 하나님께서 찬양과 감사를 얼마나 기뻐하시는가를 분명하게 깨닫게 되었다.

8. 질긴 고기는 많이 다지느니라

급한 수술도 어느정도 끝이 나고, 몸도 어느 정도 회복되어 가면서, 나는 한 가지 사실이 매우 궁금해졌다. 그것은 나를 위로하기 위해서 병원에 찾아오시는 성도님들마다 이구동성으로 똑같이 하시는 말씀 때문이었다.

"하나님이 초선생님을 무척 사랑하셔요. 그래서 이런 고통을 주시는 거예요."

이 말의 의미를 도대체 알 수가 없었다. 왜냐하면 내가 생각하는 사랑이란 언제나 부드럽고, 따뜻한 것이었기 때문이다.

그런데 내가 이런 극심한 고통을 겪고 있는 것이, 어떻게 하나님의 사랑이란 말인가? 그리고 하나님이 나에게 이런 고통을 준 것이 사실이라면, 죽음의 문턱에 이를 정도로 나를 사랑하시는 이유는 과연 무엇인가?

어느 날, 나는 하나님께 투정 비슷하게 질문을 드렸다.

"아니 … 하나님이 정말 나를 사랑하신다면 … 나를 좋게 부르실 것이지 왜 …사람을 이렇게 엉망진창으로 만들어 놓는 것 입니까?"

그런데 잠시 후, 하나님께서 내 마음에 충격적인 말씀을 들려주시는 것이었다.

"네가 맞을 짓을 했냐? 안했냐? 그리고 네가 매를 맞지 않고서 내 앞에 올 놈이냐?"

그 순간 나는 당황스러웠지만, 곧바로 이렇게 중얼거렸다.

"알기는 잘 아시네! …"

나는 또다시 궁금한 것이 있어서 하나님께 질문했다.

"하나님, 내가 맞을 짓을 했다고 인정합니다. 그런데 비록 잘못했다고 해도 적당히 때리셔야지 … 이렇게 다 죽을 정도로 심하게 때리면 어떻게 합니까?"

그런데 그때, 하나님께서 나의 마음에 들려주신 대답은 첫 번째 충격보다 더했다.

"고기가 질기면, 그만큼 많이 다지느니라."

이 말씀은 하나님이 인간을 사용하고 요리하시기를 원하는데, 계속 불순종하고 거역하면 그것은 마치 고기가 질긴 것이기 때문에 어쩔 수 없이 부드러워 질 때까지 수없이 많이 다지고, 고통을 허락하신 뒤에 하나님의 뜻을 위하여 사용하고 요리를 하신다는 말씀이었다. 나는 그 말씀을 듣는 순간, 이 모든 교통사고의 책임은 결코 하나님에게 있는 것이 아니라 그 책임은 바로 오랫동안 불순종하며 고집을 부린 나에게 있음을 분명히 깨달을 수가 있었다.

그날 나는 뜻하지 않은 하나님과의 대화를 통하여, 내가 교통사고를 당한 근본적인 이유에 대해 명쾌한 해답을 들었기에 오랫동안 내 마음 속에 있던 하나님에 대한 섭섭함을 해소 할 수 있었고, 그만큼 나의 마음은 가벼워졌다.

하나님이 주신 말씀을 통하여 비록 나는 주님의 존재를 의식하지 못하고 살았지만, 하나님께서는 옛날부터 지금까지 나를 알고 계시며, 나의 삶을 정확하게 보고 계신다는 사실을 알게 되었다. 나는 이때부터 마음 한쪽에 주님에 대한 작은 두려움이 생기게 되었다.

연필의 심을 만드는 흑연과 값비싼 다이아몬드는, 원래 같은 성분인 탄소로 되어 있다. 그런데 어떻게 흑연과 다이아몬드는 값과 아름다움에서 하늘과 땅만큼의 차이가 있는가? 그 이유는 〈고통의 과정〉 때문이다. 다이아몬드는 흑연을 1100℃ 라는 높은 온도와 45000기압이라는 큰 압력을 가하면 만들어지는데, 1100℃ 와 45000 기압은 견딜 수 없는 고통을 의미한다. 만일 흑연이 그 고통을 거부하면 흑연은 영원토록 흑연에서 벗어나지 못하는 것이다.

그뿐만 아니라, 다이아몬드에는 모두 58개의 면이 있는데 이 58면에서 각각 다른 빛을 발산하기 때문에 다이아몬드의 광채와 아름다움은 특별할 수밖에 없으며, 결국 보석의 여왕이 되는 것이다. 처음 발견된 다이아몬드의 원석은 모두 다 거칠고 투박하다. 그러나 계속 잘리고 깎이는 고통을 통하여 58면이 완성될 때 비로소 다이아몬드는 제 값을 발휘하는 것이다. 결국 다이아몬드를 다이아몬드답게 만드는 것은 바로 많은 고통과 아픔이라고 해도 과언이 아니다.

사람이 태어날 때는 마치 원석 같이 거의 비슷하지만 교육이나 환경, 여러 가지 역경을 통하여 점점 다듬어지게 된다. 그런데 인간을 가장 값지게 만드는 것은, 바로 하나님이 직접 만지고 깎고 다듬는 과정이 아닌가 생각해 본다. 왜냐하면, 우리를 가장 잘 아는 분은 결코 사람이 아니라 우리를 지으신 하나님이시기 때문이다. 바로 여기에 이 땅 위의 모든 하나님의 자녀들이 시련과 역경 속에서 감사할 이유가 있는 것이다.

"나의 가는길을 오직 그가 아시나니 그가 나를 단련하신 후에는 내가 정금같이 나오리라" (욥 23:10)

9. 죽음의 강과 어머니의 금식

나는 병원에 입원하면서 10번의 수술을 했다.

1. 작은 창자 파열 봉합수술(8곳)
2. 큰 창자 파열 절제수술(2곳)
3. 좌측 콩팥 절제수술
4. 비장 절제 수술
5. 췌장 말단부 절제수술
6. 맹장 절제 수술
7. 좌측 대퇴골 골절 접합 수술
8. 턱 파열 봉합 수술
9. 좌측 발등 열상 피부이식 수술
10. 대퇴골 pin(이음쇠) 제거 수술

그 중에서 가장 생명의 위험을 느낀 수술은 바로 췌장수술을 할 때였다. 교통사고로 췌장의 끝부분이 파열 되었는데, 병원에서는 가능하면 수술을 하기보다는, 자연적인 치료를 원한다. 그러나 무려 3개월이 넘도록 침대에 누워서 췌장에서 나오는 분비물을 뽑아 내었지만 완치가 되지 않았기에 더이상 자연적인 치료가 어렵다는 판단으로, 결국 수술을 결정하게 되었다.

그런데, 내가 견디기 힘들었던 것은, 수술 자체가 아니었다. 수술

후, 약 16일 동안 계속된 원인을 알 수 없는 큰 고통 때문이었는데, 이 고통은 인간이 인내할 수 있는 한계를 훨씬 넘어섰다. 온몸이 욱신욱신 쑤시고 저릴 뿐만 아니라, 심지어 누워서 다리를 뻗을 수 없었기에, 집에서 가져온 두꺼운 이불을 두 다리 밑에 받히고 몸을 쪼그린 채 있어야만 했다. 고통이 너무 심해서 잠을 잘 수가 없었고, 식사는 16일동안 금식이었기 때문에 내가 할 수 있는 것은 오직 한 가지, 천장만 쳐다보며 끝까지 참는 것 뿐이었다.

그 당시의 일 중에서 오늘까지도 기억나는 것은 희한한 약에 대한 것이다. 췌장 수술을 한지 며칠 지나지 않았을 때였다. 수술 후, 몸 안의 분비물을 밖으로 빼는 호스에서 밥알 몇 개와 시금치 조각이 발견된 것이다. 그때 한 간호사가 나에게 〈파란 물약〉을 마시라고 건넸는데, 여태까지 먹어왔던 약과는 모양과 색깔이 너무 달랐다. 내가 간호사에게 "무슨 약이에요?"라고 묻자, 간호사는 "몸에 좋은 약이에요."라고 대답했다.

나는 그 약을 마시자마자 그것이 무엇인지 알 수 있었다. 내가 마신 것은 약이 아니라 파란색 잉크였다. '왜 내가 잉크를 먹어야 할까?' 나는 금방 상황을 짐작 할 수 있었는데 그것은 췌장수술 자체가 혹시 잘못되지 않았나를 파란색 잉크로 테스트 하는 것이었다. 수술이 잘되었으면 잉크는 소변으로 나올 것이고, 만일 수술이 잘못되어서 잉크가 옆구리 호스로 나오면 급히 다시 수술을 해야 하는 상황이었다. 나는 지긋지긋한 수술을 또다시 할 수도 있다는 생각에 소변이 나오기를 기다리며 몇 시간동안 긴장해야만 했다. 그런데 하나님의 도우심으로 드디어 파란잉크가 소변에 섞여 나왔고, 나는 너무 기뻐서 화장실에서 콧노래를 불렀다.

그러나 병원에서는 나의 몸에 일어나는 이상 증세의 원인을 발견하지 못했고, 나는 그 사실이 답답해서 견딜 수 없었다. 단 한 가지 알게 된 사실은 췌장수술을 담당했던 의사선생님이 의학 세미나 참석차 미국으로 출장가셨다는 것이었다. 그런데 이 모든 고통의 원인은 의외로 단순한 것으로 밝혀졌다. 바로 염증 때문에 크게 곪은 것이었다.

얼마나 심하게 곪았던지 …고통이 지속되던 약 16일째 되는 날, 간호사가 나의 등을 두드릴 때, 췌장수술 자국의 부위에서, 싯누런 고름이 쏟아져 나오기 시작했는데 금새 작은 밥그릇을 채울 정도의 분량 이였다.

그 고름이 쏟아지던 날, 나를 죽음의 문턱으로 몰아넣던 진통이 거의 사라졌고, 극도로 지쳐 있던 내 영혼과 육체는 오랜만에 깊은 잠에 빠져들 수 있었다.

그런데, 그 극심한 고통으로 힘들어 하던 어느 날, 병상에서 잠시 선잠이 들었을 때, 이상한 꿈을 꿨다.

그때, 나는 어느 곳인지 알 수 없는 어떤 강가의 뚝방 위에 혼자

서있었다. 밝고 푸른색이 아닌, 검푸른 색의 강물은 몹시 기분을 무겁게 하였다. 마치 그 강은, 그리스 신화에 나오는 스틱스(Styx: 삼도천이라고도 하며, 사람이 죽은 뒤에 저승으로 가기 전에 반드시 건너야 하는 강)처럼 느껴졌다. 더욱 이상한 것은, 그 깊은 강물 속에서 어떤 사람이 얼굴과 모습이 보이지 않은채 자꾸만 나에게 강물로 내려 오라고 불렀는데, 나는 마음이 석연치 않아서 강물로 내려가지 않으려고 힘을 썼지만, 마치 큰 지남철에 작은 쇠조각이 힘 없이 끌려가듯 내 힘과 의지와는 상관없이 내 발은 자꾸만 강둑을 따라서 물가로 걸어 내려가고 있었다.

그 시커먼 강물까지 이제 몇 발자국 밖에 남지 않았을 때, 나는 그 물 속에 들어가면 죽을 것만 같아서. 필사적으로 강물에 발을 담그지 않으려고 두 발을 땅에 뻗은채 있는 힘을 다해 힘껏 버텼다.

바로 그때, 갑자기 누군가가 강둑 위에서 내 이름을 간절히 부르는 것이 아닌가? 그 목소리가 누구의 목소리인지 분명히 알 수는 없었지만, 그 목소리를 들은 그 순간, "이제 살았구나!" 하는 안도감이 크게 몰려왔고, 그 목소리의 방향으로 몸을 돌리는 순간, 마침내 그 기분 나쁜 꿈에서 깨어날 수 있었다.

그때의 상황에 대하여, 지금도 정확히 알 수는 없지만, 분명한 사실 하나는 나의 건강상태가 너무나 악화되어 있었다는 것이다.

많은 수술과 오랜 시간동안의 강제적인 금식은 탈진으로 이어졌다. 그러므로 간호해 주시던 아버지께 이런 부탁을 했었다.

"만일 누가 병문안을 온다면 말로해서는 내가 의식이 없으므로 알아듣지 못하니까 정신 차릴 때 까지 계속 뺨을 때려서 깨워 주세요."

그러므로 그 당시에는 누가 찾아오면 아버지가 내 뺨을 계속 때렸고, 그 충격으로 의식을 잃고 깊은 잠에 빠져 있던 나의 육체에 혼이 돌아오므로 비로소 정신을 차릴 수 있었다.

그런데, 그날 내가 꿈속에서 죽음의 강으로 이끌려 들어가기 직전에, 군대 시절 후배가 나의 교통사고 소식을 듣고 찾아 왔다. 그러므로 아버지는 나를 깨우기 위하여 계속해서 나의 뺨을 때렸고 그 충격으로 나는 깊은 죽음의 잠에서 깨어날 수 있었던 것이다.

이 사건 이후, 한 가지 의문을 갖게 되었다.

그 꿈속에서 강둑에 선채 계속 나를 부르던 그 고마운 목소리의 주인공은 과연 누구였을까? 그 목소리가 남자의 목소리였는지, 여자의 목소리였는지 기억나진 않는다. 그 당시, 나의 아버지는 죽어가는 아들을 위하여 생명을 걸고 기도하실만한 믿음을 갖고 계시지 않았고, 그날 나를 찾아온 군대 후배도 교회를 다니고 있지 않았다. 그렇다면, 도대체 그 목소리의 주인공은 누구란 말인가?

그 꿈을 꾼 며칠 후, 그 목소리의 주인공은 어머니였음을 알게 되었다. 어머니는 하나님에 대한 믿음도 독실하셨을 뿐만 아니라, 주장과 의견도 분명한 분이였기에 왠만한 일에는 흔들리지 않으신다. 한 가지 예로서, 내가 교통사고 당한 소식을 처음 들으셨을 때, "할렐루야, 감사합니다."라고 말씀하셨을 정도였으니까 …

물론 이말의 의미는 자식이 잘못되기를 바라거나, 죽을 정도로 다친 것이 너무 감격스럽다는 의미가 아니라, 하나님께 불순종하는 아들이었기에, 그렇게 해서라도 영혼이 구원받고 주님께 쓰임 받을 것을 기대하시며 하신 가슴 아픈 믿음의 고백인 것을 나는 안다. 그렇게 강한 믿음의 어머니가, 이번 췌장 수술 후 내가 사경을 헤매는 것을 보시고는 "이제 하나님이 진수를 데려가실려나 보다."라고 말씀하시면서 한참동안 우셨다는 말을 들었다.

그러한 어머니께서 내가 어려운 췌장수술이 끝난 후 많은 고통을 겪게 되자 금식기도로 하나님께 매달리셨는데 주님께서 그 기도를 들으시고 죽음의 강으로 끌려가던 아들을 살려주신 것이다.

그러므로, 나는 늘 이렇게 말한다.

"어머니의 간절한 기도는 자식을 죽음의 깊은 바다에서 건져내는 생명줄이라고 …"

"나와 사망의 사이는 한 걸음 뿐이니라"(삼상20:3)는 말씀이 새삼 실감났다.

10. 첫눈 내리는 날의 데이트

병원생활이 길어지다 보니, 권태와 무력감이 심하게 밀려 왔다. 그럴때면 장기간 입원하고 있는 환자들은 당연히 새로운 일을 찾고 싶어 하는데, 어느 날 갑자기 다 죽어가던 나에게 사랑이 찾아왔다.

한 아가씨를 만나게 되었는데 처음 만날 때의 상황은 좋은 편이 아니었다. 나는 그때 혼자서 준중환자실에 입원하여 병과 싸우고 있었고 그녀의 아버지는 교통사고를 심하게 당하여 장기간 입원하셨는데, 오래 입원한 환자끼리는 서로 측은히 여기는 마음이 있으며 병실이 서로 마주보고 있었기 때문에 만나게 되었고 가까워질 수 있었다.

그녀는 처음부터 명랑했다. 그래서 호감이 갔는지도 모르겠다. 그녀의 직장은 병원과 가까운 곳에 있었는데, 매일 퇴근하면 아버지께 꼭 병문안을 찾아올 정도로 효녀였다. 아버지 병문안이 끝난 뒤에는 꼭 나를 찾아와서 위로해 줬는데, 그 당시 절망 속에서 있던 나에게 그녀의 존재는 모나리자였고 나이팅게일이었다.

우리는 병원이라는 좁은 공간에서 만났다. 내가 입원하고 있던 병원은 서울에서 꽤 유명한 병원이었지만, 안타깝게도 건물은 한 동 뿐이였다. 그러나 우리는 순수한 마음으로 많은 대화를 나눴고, 아름다운 추억을 만들어갔다.

서로의 사랑이 싹트고 있던 어느 날, 나와 그녀가 만나는 것을 본 다른 병실의 아주머니가 그녀의 어머니에게 전했고, 그녀의 어머니는 즉시 이 사실을 나의 어머니에게 이야기하셨다. 그런데 일이 심하게 꼬인 이유는 종교적 차이 때문이였는데, 그녀의 어머니는 불교 골수 신자요, 나의 어머니는 기독교의 골수인 권사님이셨기 때문이다. 게다가 나는 그 당시, 중환자였기 때문에 그녀의 부모님 입장에서는 반대하는 것이 당연한 일이였다.

그러나 나와 그녀는 결코 그렇지 않았다. 적어도 우리는 굳게 믿고 있었다. 젊은 날의 순수한 사랑은, 종교적 갈등을 얼마든지 초월 할 수 있어야 한다고 …

우리는 서로의 사랑을 행동으로 증명하기 위하여, 멋진 약속을 했다. 첫눈이 내리는 날, 명동에 있는 코스모스 백화점 앞에서 만나기로 한 것이다. 나는 이제까지는 환자복을 입은 채 병원 안에서만 우중충한 모습으로 만났지만, 그날만큼은 병원 밖에서 만나 건강한 젊은이들처럼 자유와 낭만을 마음껏 누리리라고 결심했다.

그런데, 그해 겨울의 첫눈은 너무나 빨리 내렸다.

내가 침대에서 약 100일 동안을 치료받다가 달나라에 착륙하는 우주 비행사와 거의 비슷한 모습으로 땅과 세상을 다시 밟게 된 것이, 며칠도 되지 않았기 때문이다. 그때의 내 몸 상태는 매우 위험한 상태였다. 몸무게가 40kg정도 밖에 되지 않았고, 음식을 소화시키지 못해서 머얼건 죽만 먹던 때였다. 오랜 침대생활로 다리의 근육은 거의 다 빠져서, 병원 로비의 그 평평한 바닥도 제대로 걷지 못했고, 병원 현관의 유리문조차도 내 힘으로 밀고 나올 수 없을 정도였다. 그러므로, 눈이 내려서 미끄러운 서울 시내의 도로를 걷는다는 것은 불가능한 일이였다.

그러나 나에게 이 모든 장애물들은 조금도 문제가 되지 않았다. 그 당시 신앙심이 없던 나에게, 젊은 날의 사랑은 어쩌면, 종교 이상의 의미와 가치였기 때문이다.

병원에서 극적인 탈출을 할 때의 나의 마음은 마치 영화 '빠삐용'의 주인공과도 같았다.
내가 왜 그때 생명의 위험을 무릅쓰고 그런 무모한 행동을 했을까 조금 의아스럽게도 하지만 한편으로는 충분히 이해가 간다.
너무나 갑작스러운 교통사고의 충격 … 계속 이어지는 많은 수술들 … 삶과 죽음을 넘나드는 수차례의 고비를 넘기며 다가온 긴장과 지쳐버림 … 침대 위에서 석달 이상 누워 있어야 했던 견딜 수 없는 답답함 …
결국 교통사고는 순식간에 나의 소중한 모든것을 휩쓸어 가버린 거대한 쓰나미였고, 그 상처 입은 폐허의 자리에서 내가 원하는 것은 오직 한가지 밖에 없었다.
'이유는 묻지 말고 병원에서 탈출하자!'

어쩌면 그것은 죽음을 직접 맛본 한 인간의 삶에 대한 뜨거운 갈망이요, 모든 꿈을 잃어버린 26살의 청년이 유일하게 선택할 수 있는 처절한 몸부림이었다.

나는 여동생에게 두꺼운 겨울 점퍼와 내복과 털모자를 가져오게 한 뒤, 화장실에서 갈아입고 병원직원도 모르게 병원 문을 빠져 나오게 되었다. 그런데, 예상치 못한 돌발 상황이 벌어졌다.

병원 현관문을 하나 열고, 두 번째 문을 열려고 하는데 내 앞에 어떤 아주머니가 심각한 얼굴로 나를 가로막고 서있었는데 … '누구신가?' 하고 쳐다봤더니 나를 낳으신 어머니였다. 그러나, 나는 무슨 일이 있어도 그날 밖에 나가야만 했다. 나에게 병원치료보다 더 시급한 것은 죽음에서 살아난 기쁨을 사랑하는 사람과 나누는 것이었기 때문이다. 나의 너무나도 단호한 표정을 보신 어머니는 이 일이 붙잡고 말린다고 될 일이 아님을 느끼시고는 슬픈 표정을 지으시며 길을 비켜주셨다.

병원에서 만날 장소까지는 평소의 걸음이면 20분이면 충분했다. 그러나 그날은 첫눈이 내려서 미끄럽기도 하고, 많은 사람들이 몰려 나온 때문인지, 눈을 맞으며 절뚝거리는 다리를 이끌고 약속 장소에 도착하기 까지는 약 2시간이 걸렸다. 특히 육교를 올라가는 것이 매우 힘들었는데, 그 고생은 교통사고 전에 자주 북한산에서 즐겼던 암벽등반보다도 더 어려웠다.

어쨌든 우리는 첫눈 내리는 날 저녁에 약속대로 만났고 가까운 빵집에서 데이트를 즐겼다. 그날 저녁 그녀는 놀라운 눈빛으로 나를 바라 보았다. 첫 눈 내리는 날 만나자고 약속은 했지만, 설마 중환자가 정말 밖으로 나오리라고는 상상하지 못했기 때문이다. 나는 주체 할 수 없는 기쁨과 내 자신에 대한 뿌듯함으로 가득 찼고, 우리들의 첫눈 내리는 날 밤의 행복한 겨울데이트는 깊어져 갔다.

그런데 달콤함이 무르익고, 깨가 쏟아지던 그 시간에 상상하지 못했던 일이 내 눈 앞에 또 벌어지고 말았다. 우리가 만난지, 불과 한 시간도 되지 않았을 때였다. 그녀와 웃으면서 얘기를 나누다가, 무심코 빵집 입구를 쳐다보게 되었는데 유리창 밖에 어둠을 배경으로 한 채 한 여인이 서 있었다. 처음에는 별로 신경을 쓰지 않았는데 어딘가 느낌이 낯이 익었기에 자세히 보았다. '우째 이런 일이? …'

그 여인은 바로 나의 어머니였다. 병원에서 나를 만류하다가 뿌리치자 걱정이 되어서, 이곳까지 따라오신 것이다.

아! 어머니의 모정은 이렇게 끈질기고 지독한 것인가?

그날 나는 정말, 어머니의 사랑이 감사하기 보다는 귀찮고 지겹기까지 했다. 훗날 생각해보면, 그날 나는 어설픈 사랑에 미쳐서 제 정신이 아니었던 것은 확실하다.

갑작스런 돌발 상황으로, 즐겁던 분위기는 금이 갔고 데이트를 즐기기엔 이미 물이 엎질러졌다. 나는 우울하게 빵집에서 나왔고, 그렇게 그렇게 나의 젊은 날 첫눈 내리는 밤은 막을 내렸다.

그날 이후 어머니의 지독한 사랑의 감시는 더욱 심해졌고, 나는 몸과 마음으로 무리한 탓인지 며칠 동안 심한 몸살에 시달려야 했는데, 그 사건으로 나의 어머니에게 너무 놀란 그녀는 결국, 나와 헤어지기로 결심한 뒤 어느날 편지 한 장을 써놓고는 겨울바람처럼 내 곁을 훌쩍 떠나갔다.

그녀의 편지 내용은 너무나 짧고 감동적 이였다.

'오빠! 미안해 … 그리고 사랑해.'

11. 쌍룡빌딩과 영락교회 십자가

이제 병원생활도 9개월이 넘었기에 모든 것이 익숙해졌다. 조금씩 퇴원 얘기가 들리면서 나는 다시 한두가지 고민에 빠지게 되었다.

과연 퇴원한 뒤에 정상적인 생활이 가능할까?

건강은 원래 모습의 몇%까지 회복될까?

신학교를 들어가야 할 것인가? 말 것인가?

나는 그 즈음에 많은 시간을 나의 장래에 대한 고민으로 보냈다. 어느 날, 입원하고 있던 병원의 창가에서 밖을 쳐다 보는데 문득 두 개의 커다란 건물이 보였다.

왼쪽에는 쌍용빌딩, 오른쪽에는 영락교회 …

이 두 건물은 서로 가까이 붙어 있지만 사실은 정반대의 대조적인 이미지로 나에게 보여졌다. 하나는 세상적인 부요함과 성공의 상징 … 또 하나는 하늘의 평안과 영원한 소망의 상징 …

결코 중간이 없는 이 두 가지, 서로 다른 갈림길에서 나는 분명한 방향을 잡지 못한 채, 참으로 어정쩡한 모습으로 오랫동안 서 있어야 했다. 과연 어떻게 하는 것이 지혜로운 길일까? 내 인생 마지막에 이르러 결코 후회하지 않는 길은 무엇일까?

물론 이 두 가지를 함께 구하며 적당히 타협하고 편안하게 살아가는 방법도 나는 알고 있다. 문제는 그런 애매하고 막연한 삶의 태도는 나 스스로의 성격상 용납할 수가 없다.

그런데 참으로 알 수 없는 일은 교통사고 나기 전까지만 해도, 내 인생의 방향과 꿈은 성공으로 가는 쌍용빌딩 쪽이었다. 아마도 나의 젊은시절 겪어야 했던 집안의 경제적 어려움과 좌절에 대한 반작용 때문인지도 모른다. 그러나 큰 사고를 겪으며, 죽음의 문턱까지 가 보았기 때문인지 몰라도 나의 관심이 자꾸만 영락 교회의 십자가 쪽으로 기울어가는 것은 어쩔 수 없었다. 나는 이렇게 고민만 하고 있을 것이 아니라, 아예 하나님을 찾아가서 직접 물어 보리라 결심을 한 뒤에 병원의 허락을 받고 영락교회를 찾아갔다.

안내하는 집사님에게 부탁을 드렸다.

"저는 앞에 있는 병원에 입원하고 있는 사람인데요. 기도가 하고 싶어서 찾아 왔는데, 성전 문 좀 열어 주시겠습니까?"

친절하게 안내해 주는 집사님의 인도를 받은 뒤, 별로 크지 않은 아담한 성전에 들어갈 수 있었다.

이제, 이 세상에서 어느 누구의 방해도 받을 것 없이 오직, 하나님과 나만 만날 수 있는 시간과 공간이 생겼다. 나는 그날 생전 처음으로 하나님과 1:1로 마주서게 된 것이다.

나의 어머니를 통해서 듣기만 했던 하나님 … 나에게는 아직 많이 생소한 하나님 … 더욱이 나를 정말 사랑하시는 것까지는 모르겠지만, 여러 사람들의 말을 종합해보면 나를 사랑하기에 나를 이토록 심하게 때리셨다는 하나님 … 그런데 이상하게도 병원에서 극심한 고통을 겪을 때는, 여러 가지 방법으로 다가오셔서 나를 위로하시는 하나님 … 계신 것 같기는 한데 확실하지는 않고 … 무서운 분 같은데, 때론 아닌 것 같기도 하고 … 도대체 어떤 분인지 감이 잡히지는 않고, 나에게는 너무나 먼 곳에 계신 것만 같은 하나님 …

잠시의 침묵이 흐른 뒤에, 난 생전 처음으로 간절하게 나의 아픔과 고민을 하나님께 기도로 표현하기 시작했다. 평소에 기도를 하는 사람이 아니였기에, 처음에는 기도가 쉽지 않았지만 교통사고의 아픔과 병원생활에서 겪었던 많은 고통들을 기억하자 마음이 뜨거워지기 시작했다. 결국 나의 기도는 뜨거운 눈물과 간절한 부르짖음이 될 수밖에 없었는데, 기도를 약 1시간 정도 드리고 난 뒤에 나의 마음은 가볍고 상쾌해졌다.

십자가의 의미를 표현하는 방법은 여러가지이지만, 때로는 영어의 4가지 L자로 표현한다.
Love(사랑) Liberty(자유) Light(빛) Life(생명) …

훗날 생각해보면 나는 그날 십자가 아래에서 이 네 가지 하나님이 주시는 생명의 은혜를 생전 처음으로 맛보게 된 것 같다.

"내가 생명과 사망과 복과 저주를 네 앞에 두었은즉 너와 네 자손이 살기위하여 생명을 택하고" (신 30:19)

12. 살아 남은자의 추억과 감사

병원에서 겪었던 일들은 혹독했고, 그때의 일을 새삼스럽게 기억하고 싶지는 않다. 그러나 비록 그 시간들이 가슴 아팠을찌라도, 돌이켜보면 감사한 일도 많았다. 의사 선생님들과 간호사들의 친절함과 많은 수고 … 나의 고통을 함께 아파했던 가족들의 눈물겨운 정성과 보살핌 … 나를 찾아와서 진심으로 위로해 준 많은 주님의 종들과 성도님들 …

그런데 절대로 잊을 수 없이 특별하게 감사한 일이 두 가지 있다.

그 한 가지는 교통사고 났던 바로 그날에 있었던 일이다.

내가 처음 문산에서 사고 났을 때, 급하게 실려 갔던 병원은 산부인과였다. 정확한 이유는 알 수 없지만, 사고현장 근처에 마땅한 병원이 없었기 때문이었던 것 같다. 나는 그곳에서 내 몸의 장기 여러 곳이 파열된 채 오랜시간 피를 흘리며 사경을 헤매고 있었다. 그때 하나님이 도우셔서 그 병원의 간호사 한분이 우리 가족에게 조용히 다가와서 나의 상태를 말해 주었다.

"지금 환자분은 피를 너무 많이 흘려서, 빨리 큰 병원으로 옮기지 않으면 죽게 됩니다."

이 말을 들은 우리가족은 곧바로, 사고 소식을 듣고 타고 온 그 택시에 나를 태워서 서울의 큰 병원으로 옮기게 되었다.

급한 상황인데, 특별히 아는 병원이 없었기에 나의 친척아저씨 되시는 퇴계로의 동영송 외과병원을 찾아가게 되었다. 내가 사고 난 날이 일요일이라, 아저씨는 평소처럼 골프장에서 운동을 하고 계셨다. 그런데 이상하게 자꾸만 집에 가고 싶단 생각이 들어서 다른 때와는 달리 일찍 집으로 돌아 오셨는데, 잠시 후 내가 매우 위독한 모습으로 병원에 도착한 것이다. 아저씨의 집은 병원건물의 3층이였기에 바로 내려오실 수 있었다.

그때 아저씨는 나의 상태를 잠시 살핀 후, 작은 병원에서 치료할 수 없고 빨리 큰 병원으로 옮겨야 한다고 다급하게 말씀하셨고 서울대학교 선후배가 많이 있는 큰 병원으로 나를 안내해 주신 것이다. 그런데, 그때 상황이 얼마나 위급했던지 아저씨가 이렇게 말씀하셨다고 한다.
"진수가 폐로 숨을 쉬지 못하고, 어깨로 숨을 쉬면서 병원에 도착했어. 〈체인-스토크스 호흡〉을 하면서 말이야. 만일 5분만 늦었으면 진수는 죽었을꺼야 …"

그 일이 있은 후 나는 체인-스토크스 (Cheyne-Stokes)가 무슨 뜻 인지 알 수가 없어서 백과사전을 찾아보았더니 그 내용은 다음과 같았다.
"스코틀랜드의 의사인 체인과 아일랜드의사인 스토크스가 최초로 연구한 것으로써 호흡과 무호흡의 시기가 주기적으로 반복되는 호흡의 이상증세로써 몸의 균형이 심하게 깨어 졌을 때 나타난다."

더욱 감사한 것은, 아저씨 병원에 도착 했을 때, 이미 나는 세상을 떠나는 사람이 쉬는 마지막 숨을 쉬고 있었고, 폐로 숨을 쉬는 것이 아니라 어깨로 숨을 쉬고 있었다. 그러나 다행스럽게도 그 병원에 긴급으로 〈혈액을 대신하는 약〉이 한 병 남아 있어서, 큰 병원에 도착할 동안 그 주사를 맞으면서 잠시동안 생명을 연장시킬 수 있었고 기적적으로 살아날 수 있었던 것이다.

또 한가지 병원생활 중에 감사한 것은 〈자동차보험〉에 대한 것이다. 나는 일반 환자가 아니라 큰 사고를 당하여 열번이나 큰 수술을 한 중환자였기에, 수술비와 입원비 및 치료비를 계산하면 엄청난 금액이다.

나의 몸 상태나 여러 증세는 보통사람들보다 매우 특이했다. 더욱이 입원날짜가 일년 가까이 되다보니 보험회사에서도 잘 이해가 되지 않았는지 보험회사 직원이 병원에 와서 직접 내 모습을 사진 찍어가곤 했다.

내가 사고 당했을 당시, 우리 집에는 그 많은 경비를 감당할 능력이 없었지만, 하나님께서는 놀라운 은총을 나와 우리가정에 베풀어 주셨다. 내가 교통사고를 당하기 몇 달 전에 대한민국에 처음으로 자동차 보험이 생겼기 때문에, 우리는 병원비를 일체 부담하지 않게 된 것이다. 나는 이 놀라운 사실을 퇴원 후에 듣게 되었는데, 이 이야기를 통하여 하나님은 정말 하나님의 자녀들을 위하여 늘 풍성한 축복을 예비해 주시는 여호와 이레의 하나님이심을 뼈 저리게 느낄 수 있었다.

내가 평소에 좋아하는 이야기 중에는 〈다알리아 꽃〉에 대한 이야기가 있다.

영국의 고고학자들이 이집트에서 한 무덤을 파면서 조사하다가, 무려 3000년이 넘는 미이라가 꽃 한송이를 쥐고 있는 것을 발견한다. 그리고 그 손에서 꽃을 떼어 내려고 하자 오랜 세월 말라 있었던 그 꽃은, 부서져 버렸고 결국 씨앗만 남게 되었다. 학자들은 그 꽃씨를 영국으로 가져와서, 땅에 심었는데 매우 아름다운 꽃이 피어났다. 그 꽃은 처음 보는 것이라 아직 이름이 없었다. 고민하다가 결국 그 꽃을 처음 발견한 학자의 이름을 따서 지었는데, 그 꽃이 바로 〈다알리아〉이다.

이 이야기는 기독교 신앙의 핵심인 생명의 신비와 부활의 능력에 대하여 우리에게 감동을 준다. 내가 이 이야기를 무척 좋아하는 이유는, 다알리아의 이야기가 바로 죽음에서 살아난 〈나의 이야기〉이기 때문이다.

지금 돌이켜보면 그 뼈 아팠던 시간들을 통하여 그 때까지의 나의 삶을 철저히 돌아보게 되었을 뿐만 아니라, 인간의 힘으로는 아무것도 할 수 없었던 철저한 무력감과 절망이 결국 하나님 앞에 무릎을 꿇는 계기가 된 것은, 교통사고를 통하여 겪어야 했던 많은 고통보다도 훨씬 큰 하나님의 축복이었다.

나의 간절한 고백을 기억하시고 놀랍게 병상에 찾아 오셔서 위로하시며 늘 용기와 힘을 주셨을 뿐만 아니라, 그리고 지금까지 나의 삶을 이끌어 주신 하나님의 사랑을 말로 다 표현 할 수 가 없다.

"나를 떠나서는 너희가 아무것도 할 수 없음이니라"(요 15:5)

13. 나를 무릎 꿇게한 이상한 증세

어려서부터 남다르게 사연이 많았던 집안환경 때문인지, 나는 웬만한 고통에는 별로 놀라지 않는다. 그러나 나의 몸에서 생겨나는 이상한 증세는 나를 완전히 K.O. 시켜버렸는데, 참으로 알 수 없는 일은 이 원인을 알 수 없는 〈큰 가시의 고통〉이 내가 하나님 앞에 완전히 무릎을 꿇게 되는 축복의 계기가 되었다는 사실이다.

도저히 이해 안되는 이 얄궂은 증세는, 복부 수술을 처음 한 며칠 후부터 시작되었고, 복부 수술을 두 번째 한 뒤에는 더욱 심해졌는데 꿰맨 상처자국에서 계속 염증이 생기고 진물과 고름이 나오는 것이었다. 이 증세는 때때로 여성들이 제왕절개 수술한 뒤에 나타나기도 한다는데 보통 한두달이면 거의 치료된다고 한다. 그 원인은, 상처를 꿰맨 인공으로 만들어진 실이 일반적으로는 녹아 없어지게 되어 있는데, 나는 체질이 특이해서 꿰맨 실밥이 전혀 녹지를 않아 계속 염증을 유발하는 것이다.

정말 이상했다. 어떤 상처에서는 실밥을 하나만 빼면 완전히 아물었는데, 어떤 부위에서는 실밥을 뺀 뒤에 상처가 아물었다가 또 다시 염증이 생기기도 하고 … 어떤 때는 고름이 나오는 곳이 4-5군데였다가, 심할 때는 10군데가 훨씬 넘기도 했다.

그러므로 늘 배 전체에 거어즈(gauze)와 반창고를 덮고 있어야 했고, 내 몸은 마치 폭탄 맞은 사람처럼 몹시 흉해 보였다. 의사선생님들은, 염증의 원인이 되는 실을 뽑아내기 위하여 무척 애쓰셨는데 문제는, 실밥이 뱃속 깊이 숨어 있어서 눈에 보이지도 않았고, 실밥이 너무 작았을 뿐 아니라, 피와 엉켜 있었기 때문에 그것을 찾아내는 일은 쉬운 일이 아니였다.

그 치료방법은 단순했다. 통증을 없애기 위하여 부분 마취를 한 뒤에, 길고 큰 핀셋을 뱃속 깊이 넣고서 실밥의 정확한 위치가 눈에 보이지 않으므로 약 5분 동안 여기저기를 후비기도 하고 잡아당겨 보기도 하는 것이다.

그 다음에는 큰 '귀 후비개' 같이 생긴 기구를 뱃속 깊이 넣은 뒤에 위에서 아래쪽으로 몇 번 훑어보는 것인데, 문제는 이 두 가지 방법 모두, 그 결과가 신통치 못하다는 것이다.

이 특이한 증세는 사람의 생명과 직결될 정도로 위험하거나 심각 한 것은 아니였지만, 사람을 매우 지치고 낙심하게 만들었고 그 치료를 매일 하루에 한번 씩 받았지만 조금도 차도가 보이지 않았기에, 의사와 환자 모두를 지치게 했다. 외과의사는 여러 수술 때문에 종합병원에서 가장 바쁜 분 중에 한사람인데, 하루에 한번 씩 나를 만나서 낫지도 않는 치료를 매일매일 하려니 당연히 지칠 수 밖에 없었고, 나는 나대로 하루가 지나서 상처가 아물 때 쯤 되면 또다시 다음날 딱지를 잡아떼고 뱃속을 후벼대는 아픔 때문에 말할 수 없이 지쳐갔다.

그러던 어느 날, 의사 선생님이 진지한 얼굴로 제안하기를 "서로 바쁘니까 이제부터 부분 마취를 생략하고 치료했으면 좋겠네요." 말씀하셨고, 나는 그렇게 하시라고 대답했다. 그러나 부분 마취마저 없이 이런 치료를 받는다는 것은 아주 고통스러운 일이였다. 왜냐하면 뱃속 깊이 핀셋을 집어넣고 약 10분동안 이리저리 후비고 나면, 진료가 끝이나도 내 몸의 통증은 계속 남아 있기 때문에 복부의 고통으로 허리를 펴지 못한 채 한시간 정도를 몸을 웅크리고 그 고통을 참아야 했기 때문이다. 매일같이 이 노릇을 반복하다보니 마음이 상하기도 했고 끝없이 초라해지는 내 모습 때문에 무척 자존심이 상했다.

그렇게 석 달이 지나고 6개월이 흘러도 몸의 차도는 없고 심지어 배꼽 아래쪽 좌우에 있는 두 곳의 상처는 1년이 다 되도록 단 한번도 실밥이 나오지를 않으니, 의사선생님도 얼마나 지쳤는지 어느 날, 나에게 폭탄선언을 하였다.

"내가 히포크라테스 선서를 하고 의사가 되었지만, 당신 같은 환자를 보면 정말, 의사하고 싶은 생각이 없어지네요."

얼마나 힘이 드셨으면 그런 말씀을 하셨는지 이해는 가지만, 나는 의사선생님 말씀에 걱정만 태산같이 높아졌다. 그리고 얼마 후 담당과장님이 나를 부르더니, 복부 깊은 곳에 핀셋을 넣어 보고는 더 충격적인 말씀을 하는 것이 아닌가?

"이 증세는 평생 동안 낫지 않을 수도 있습니다."

그 말씀은 나에게 사형선고였고, 그때부터는 병원에 더 이상 있을 이유가 없어졌으므로, 퇴원 수속을 밟아야 했다.

나는 이 특이한 증세의 병 때문에, 중요한 진리를 발견했다. 곧, 세상의 많은 병은 의사의 수고와 현대의학의 발달로 치료가 가능하지만, 나의 경우처럼 〈하나님의 징계〉로 다가온 병은 오직 당사자가 하나님 앞에 회개하고 엎드리기 전에는 결코 치료되지 않는다는 사실이다.

만일 내가 이 사실을 일찍 알았다면, 나는 하나님 앞에 빨리 엎드렸을 것이다. 나는 이 사실을 너무 늦게 알았다. 퇴원 후 6개월 뒤 기도원에서 하나님을 만난 뒤에야 비로소 알게 되었는데, 모든 고통과 문제의 중심인 내가 하나님께 일찍 무릎을 꿇지 않고 회개도 하지 않았기에 고통의 시간은 어쩔 수 없이 엿가락처럼 길어지게 되었고, 나의 가족과 의사선생님을 비롯한 내 곁의 많은 사람들을 고생시키게 된 것이다.

"네 하나님 여호와께서 이 40년 동안에 너로 광야의 길을 걷게하신것을 기억하라 이는 너를 낮추시며 너를 시험하사 네 마음이 어떠한지 그 명령을 지키는지 아니 지키는지 알려하심이라" (신 8:2)

14. 퇴원과 백운대의 흰구름

일 년 가까운 시간을 병원에서 보낸 탓인지 퇴원 후 집에서의 생활은 모든 것이 낯설고 불편했다. 잠을 잘 때 바닥에 요를 두세 겹으로 깔아도 온 몸이 불편했고 건강회복을 위하여 만들어 주는 정성 어린 음식들도 소화력의 부족으로 먹는 것이 부담되었다. 더욱이 콩팥을 하나 떼어낸 탓인지 … 많은 주사를 맞은 탓인지 … 다른 사람의 피를 많이 수혈한 때문인지 … 견딜수 없는 가려움증 때문에 나의 몸은 온통 손톱자국으로 가득했다. 특히 목 아래 부분부터 가슴 윗부분까지의 가려움은 더욱 심했다. 벌써 35년이 지났지만 요즘도 여전히 가렵다.

그런데 이 모든 것보다 나를 괴롭게 한 것은 배의 수술자국에서 계속 진물이 나오는 원인을 알 수 없는 증세 때문이었다. 병원에서 1년 치료하고, 퇴원 후 6개월 동안 집에서 가까운 병원을 다녔지만, 조금도 차도가 없었다. 이 증세는 육체적으로 생명에 큰 지장을 주는 것은 아니였지만, 그 정신적인 고통은 말로 다 할 수 없었다. 이 치료는 매일 한번씩 병원에 가서 받아야 하는데, 만일 평생 동안 이 증세가 낫지 않는다면 내 인생은 너무나 허무해지기 때문이다.

이런 생각을 하다보면 때때로 눈앞이 캄캄해졌고 삶의 의욕도 사라진 채 끝없는 절망의 구덩이에 빠지게 되었다. 이런 상황이 반복되다 보니 나도 모르게 문득문득 죽음까지도 생각하게 되었다.

이제 현대의학이 손을 들어버린 내 몸의 이상증세는 오직 신만이 해결할 수 있는 문제가 되어버렸지만 그 당시 나에게 하나님의 존재는 너무나 막연했고 먼 곳에 있는 존재였다. 물론 병원에 있을 때 때때로 하나님을 찾았고 기도도 해봤지만 퇴원 후에 다가온 이 냉혹한 현실 앞에 나는 한없이 초라하고 무기력해져만 가고 있었다.

결국 인생의 벼랑 끝에 다다른 나는 견딜 수 없는 답답함 속에 백운대에 올라가기를 작정했다. 그 동안 도봉산에는 여러번 올라갔지만 그날의 산행은 평소와는 달랐다. 왜냐하면 건강과 기쁨을 얻기 위한 것이 아니라 내 인생에서 가장 중요한 결단을 내려야 했기 때문이었다.

"계속 이러한 몸으로 구차하게 살아갈 것인가? 아니면 아예 죽음으로 생을 마칠 것인가? 주의 종의 길을 걸어갈 것인가? 아니면 세상으로 다시 또 갈 것인가?"

한걸음 한걸음 무거운 발걸음을 옮기다 보니 어느덧 산의 정상에 왔고 나는 백운대 옆에 있는 작은 바위에 홀로 앉아서 지나온 삶을 돌아보며 한참동안을 깊은 생각에 빠져 들었다.

얼마나 시간이 지났을까? 아마 2시간은 지난 것 같았다. 잠시 눈을 뜬 나는 주위의 모습에 깜짝 놀랐다. 언제 몰려 왔는지 흰 뭉게구름이 나의 주변과 산 전체를 이불처럼 덮고 있었는데 그 구름 때문에 10m 앞에 있는 사람조차 목소리는 들렸지만 얼굴을 보이지 않을 정도였다.

그러므로 그 특이한 광경에 잠시 말을 잊고 있었는데 바로 그때 하나님의 감동이 내 마음에 다가왔다.

"네 앞에 있는 흰 구름을 손으로 잡아보아라!"

나는 놀란 가슴을 진정하고 바위 끝에 다가온 구름을 잡으려고 몇 번이나 손을 뻗었다. 그런데 분명히 구름의 형체는 있었지만 내 손으로 잡으려 했을 때 잡히는 것은 아무것도 없었다.

그 순간 나에게 깊은 깨달음이 다가왔다.

"아하! 세상의 모든 것이 결코 〈보이는 세계〉만 있는 것이 아니라 〈보이지 않는 세계〉도 분명히 존재하는 구나! 이제까지 내가 애써 잡으려 했던 온갖 세상의 부귀영화가 비록 모양은 있으나 그 실체는 없는 뜬구름과 같은 것이로구나!"

성경 전도서 1장에는 "헛되다"라는 말이 무려 6번 기록되어 있는데 이것은 세상만물의 허무함을 의미하는 말이다. 어떤 학자는 이 말을 어린아이들이 가지고 노는 예쁜 비눗방울로 비유한다. 왜냐하면 비눗방울은 비록 모양은 예쁘지만 잠시 후 바람이 불면 사라져 버리기 때문이다.

결국 그날 백운대에서 있었던 깊은 깨달음은 나의 눈과 관심을 이 세상의 육신적이요 감각적인 세계에서, 영적인 하나님의 세계로 이끌어주는 복된 계기가 되었다.

나는 놀라운 기쁨을 안고서 백운대에서 내려왔고 그날의 큰 감동은, 얼마 후 내가 기도원에 올라가는 결단을 내리는 중요한 이유가 되었다.

"보이는 것은 잠간이요 보이지 않는 것은 영원함이니라"
(고후 4:18)

3장
나를 놀랍게 만나주신 하나님

1. 마침내 기도원에 올라가다

    나의 생애를 돌아보면, 하나님은 늘 나와 함께 계셨다. 그리고 나의 삶에 큰 고통이 닥쳐올 때는 놀라운 은혜와 손길로 지켜주시고 도와주셨다. 이 사실은 내가 어려서부터 겪었던 많은 죽을 고비에서도 살아난 사실이 증명해 주고 있다. 그러나 나는 믿음이 없었기에 이 사실을 분명히 깨닫지 못했고 하나님의 뜻과 영광을 위하여 살지 못했다. 마치 하나님께서 야곱의 전 생애동안 그와 동행하셨음에도 불구하고, 그가 여러번 하나님의 손길과 은혜를 잊어버리며 살았던 모습과 같았다.

그런데 그토록 고집이 센 내가 하나님이 계신 성산에 올라온 것이다. 이제 하나님의 때가 되었나보다. 물론 기쁜 마음으로 자원하며 찾아온 것은 아니었다. 나의 몸에서 계속 고름이 흘러 나왔지만 현대의학으로는 치료가 되지 않기에 할 수 없이 곤고한 모습으로 주님 앞에 나온 것이다. 그것도 큰 누님의 간절한 부탁이 있었기 때문에 마지못해 찾아온 것이다. 하나님을 만나기만 하면 주님의 일에 전념할 남동생이 너무나 큰 교통사고의 충격과 후유증으로 마음의 문을 닫은 채 하나님을 거부하는 모습을 안타깝게 여기고 함께 기도원에 올라갈 것을 간절히 부탁했기 때문에 억지로 오게 된 것이다.

그러나 중요한 것은 어떤 이유로 기도원에 올라갔느냐 하는 문제가 아니라 불순종하던 내가 기도원에 올라갔다는 그 사실 자체였다. 왜냐하면 기도원은 사람의 영역이 아니라, 하나님이 일하시는 거룩한 영역이기 때문에 늘 인간이 예상하지 못하는 놀라운 축복이 예비되어 있는 곳이기 때문이다.

물론 하나님의 은총을 맛보기 위하여 정성으로 예배드리고 기도하며 금식하는 과정은 외롭고 힘든 시간들이다. 더욱이 기도원에는 전국에서 많은 병자들이 모여들기 때문에 그 분위기가 무거운 것은 사실이다. 마치 병원 중환자실 같은 …

그러므로 내가 그토록 고통이 많은 사람들 사이에서 언제 다가

올지도 모르는 하나님의 은총을 기대하며 하염없이 기다려야 한다는 것은 정말 피하고 싶은 일이였다. 그런데 내가 지금 그 하나님의 집에 올라온 것이다.

성경을 보면 하나님께서는 하나님의 뜻을 이루기 위하여 선택했기에 주님의 영광을 위하여 살아야 할 사람이, 주님의 뜻과 전혀 다른 삶을 살아갈 때는 어느 날 그의 삶에 큰 고통을 허락하심으로 결국 주님 앞에 무릎을 꿇고 두 손을 들게 하신다. 그 때 그 사람은 환경적으로는 사망의 골짜기를 통과하게 되지만, 그 과정을 통하여 하나님과의 1:1의 만남을 체험하게 되는 것이다. 그리고 마침내 하나님의 뜻을 깨닫게 됨으로써 완전히 새로운 모습으로 변화되어 주님의 영광만을 위하여 달려가는 귀한 삶을 살게 되는 것이다.

이제, 그 놀라운 축복과 영광이 드디어 나의 눈앞에 다가온 것이다.

2. 순대국과 담배 한갑과 솔잎

누님의 부탁으로 기도원에 올라오기는 했지만, 사실 그때까지도 나에게는 믿음이 없었다. 물론 교통사고 당시와 병원생활동안 하나님께서 나에게 많은 은혜를 부어주신 것은 사실이지만, 나의 삶

속에 다가온 많은 현실적인 고통들은 내 마음속에 남아 있던 작은 믿음마져도 뿌리 채 흔들어 놓았다.

　너무나 컸던 교통사고의 충격과 후유증 … 많은 수술과 그로인한 육신적 연약함 … 1년 반 동안 계속 고름이 나오는 절망적인 상황 … 그리고 이 모든 고통이 하나님이 나를 사랑하셔서 주의 종을 만들기 위한 연단의 과정이므로 믿음과 감사로 받아드리라는 주위 사람들의 이야기들 …

　그러나 그 당시 나에게는 믿음이 별로 없었고, 하나님의 뜻을 이해하기에는 너무 어려웠다. 이 갈등 속에서 오랫동안 고민하고 방황하던 나는, 그날 갑자기 우울한 마음이 들면서 기도원에서 엉뚱한 행동을 하고 말았다.

　누님이 기도원에 도착한 후 "나는 너의 건강을 위하여 3일 동안 금식하며 하나님께 기도 할테니, 너도 너의 건강을 위하여 하루만 금식하며 기도해라" 라고 말할 때 나는 분명히 대답을 했다. 그러나 약속을 지키지 못하고 일방적으로 깨트려 버리고 기도원에서 밖으로 탈출(?)한 것이다.

　그 날 오전 예배만 겨우 드린 뒤 나는 우중충 하고 한심한 모습으로 기도원 울타리를 벗어난 채 논뚜렁길을 한참을 걸었다. 약 20분쯤 걸었을까? 작은 동네에 도착한 뒤 순대국 한 그릇을 먹고 난 후에 담배 한 갑을 구입하고는 기도원으로 돌아오는 길에 그

담배를 모두 다 피워 버렸다. 그리고는 냄새를 없애기 위하여 기도원에서 소나무 잎을 따서 한참동안을 씹었다. 그 때의 내 모습을 생각하면 이미 수십 년이 지났지만 다시 얼굴이 뜨거워진다. 어떻게 이 세상에서 가장 거룩한 장소인 기도원에서 밖으로 탈출할 수 있었는지 … 철없던 지난날의 내 모습이 안타깝기만 하다.

그러나 정말 감사한 것은 주님께서는 그토록 못난 나의 모습을 보고 계셨고 알고 계셨지만 끝까지 용서해 주시고 사랑으로 받아주셨다. 마치 주님을 부인한 베드로를 용서해 주셨듯이 …

그러므로 나는 바로 그 날 밤에 하나님의 놀라운 은총을 맛보게 되었고 나의 인생이 완전히 변화되는 하나님의 사랑을 체험하게 된 것이다.

3. 드디어 인간이 하나님을 만나다

기도원에 올라오기는 했지만 순간적인 충동으로 기도원을 탈출하는 죄를 지었고, 저녁예배 시간은 다가 오는데, 나에게는 하나님 앞에 나갈 용기가 없었다. 그러므로 부끄러운 양심과 영혼의 얼룩을 지우기 위하여 내가 찾아간 곳은 기도원 안에 있는 한 기도굴이었다.

영혼의 불이 꺼졌기 때문일까? 기도굴 안에 들어가도 마음이 답답한 것은 마찬가지였다. 기도도 나오지 않고 … 나 자신에 대

한 실망과 부끄러움은 가득하고 … 누님을 쳐다 보기도 미안하고
…

더욱이 그때 나를 불편하게 했던 것은 다리를 제대로 굽힐 수 없는 것이었다. 대퇴골 골절이 너무 심했기 때문인지, 수술을 할 때 깁스(gyps:석고)를 하지 않고 허벅지 살을 칼로 길게 쨴 뒤, 뼈와 뼈를 길다란 쇠로 이어서 박았다. 이 쇠를 빼는 것은 1년 뒤였기에 버스를 탈때면 무릎이 완전히 굽어지지를 않아서 손으로 다리를 들어줘야 했다. 그러므로 기도굴에서 간절히 기도하려면 우선 무릎부터 꿇어야 하는데 그것이 어려우므로 한쪽다리를 쭉 뻗은 채 기도하려니 쉽게 마음이 모아지지도 않았고 기도는 더욱 힘들었다.

그런 어정쩡한 모습으로 기도굴 안에 얼마나 있었을까?

갑자기 나를 위해 간절히 기도하시던 어머니가 생각이 났다. 그리고 이런 마음이 문득 들었다.

"나는 나 자신을 위하여 기도하는 것도 이렇게 힘이 드는데 … 어머니가 나를 위하여 많은 기도와 금식을 하실 때 얼마나 힘드셨을까 …? 내가 결혼한 뒤에 얻은 아들이 만일 나처럼 교통사고를 당했다면 과연 내가 어머니처럼 아들을 위하여 생명을 걸고 기도할 수 있을까?"

그 대답은 분명했다. 그것은 '아니요'였다. 그때 문득 평소에 어

머니에게 감사하지 못한 것이 몹시 후회스러웠고 눈물이 핑 돌며 울컥하는 마음이 솟구쳐 올라왔다. 그리고 잠시 후 예배시간을 울리는 기도원의 종소리는 울려 퍼져 왔고 나는 참으로 오랜만에 고요한 심령으로 십자가 앞에 나갈 수 있었다.

그날 기도원에서의 저녁예배는 하나님이 나를 위하여 특별히 준비해주신 천국잔치였다. 목사님의 설교는 탕자의 비유에 대한 것이었는데 아버지의 마음을 아프게 한 아들을 용서하는 내용으로써 하나님의 넓은 사랑이 핵심이었다.

나는 그동안 육신의 부모님에게 효도를 하지 못했고 영적인 아버지인 주님께는 효도는커녕 불순종만 해 왔다. 그러므로 성경의 많은 말씀 중 그날의 말씀은 나에게는 가장 약점인 아킬레스건(Achilles tendon)이었다. 그런데 하필이면 그날 하나님께서는 나에게 그 말씀을 듣게 하신 것이다.

사실 예배 시작 후 잠시동안, 나의 마음이 몹씨 거북하고 불편했다. 왜냐하면 목사님이 탕자에 대하여 설교한것은 하나님이 나를 변화시키기 위한 놀라운 은혜였지만, 나는 그것을 무척 오해했기 때문이다.

'분명히 나의 누님이 나 모르게 저 목사님한테 내 얘기를 한거야! 그러니까 지금 내가 들으라고 저런 설교를 하는거 아닌가. 예배 끝나면 목사님을 찾아가서 반드시 따져봐야지!'

그런데 그럴 필요가 없어졌다.

목사님의 설교를 듣다보니 내가 바로 성경에 기록된 탕자와 비슷하다는 생각이 들었고, 지난 날 부모님께 불효했던 일들이 떠오르며 몹씨 마음이 아팠다.

그뿐만 아니라 교통사고 이후 겪었던 힘겨웠던 시간들이 주마등 같이 스쳐가며 가슴이 저려왔다. 하나님의 사랑은 여러번 체험했음에도 불구하고 목사가 되겠다는 결단을 내리지 못한채 머뭇거리기만 하는 나 자신의 모습이 너무나 안타까웠다.

결국, 이 여러 가지 복잡한 마음과 기억들은 나를 주님 앞에 무릎 꿇게 만들었고 그 견딜 수 없는 무거움은 큰 울음이 되어 터져 나왔다.

얼마나 한참동안을 울었는지 나는 깊은 잠에 빠져 들었고 바로 그 밤에 하나님은 놀라운 모습으로 찾아 오셨다.

처음에는 누군가가 매우 부드러운 손길로 잠들어 있던 나를 서서히 일으켜 세웠다. 그러므로 나도 모르게 서서히 몸을 일으키는데 … 몸을 절반쯤 일으켰을까?

갑자기 하늘에서 따뜻하고 환한 빛이 나의 주위를 비추더니 잠시 후 그 빛은 나의 몸을 더욱 환하게 비추었다. 그 순간 내 마음에는 세상에서 결코 느껴보지 못한 놀라운 하늘의 평안과 기쁨이 넘쳐났다.

나는 너무나 놀란 채 고개를 들면서 환한 빛을 비추어주는 하늘을 바라보았다. 그 순간 갑자기 하늘에서 하나님의 맑고 분명한 음성이 내게 들려왔다.

"네 믿음대로 될찌어다!" (마 8:13)

그 순간 나는 잠에서 깨어났고 무언가 특별한 일이 나에게 일어나고 있음을 직감할 수 있었다. 그때 내가 가장 먼저 한일은 나의 복부에 있는 여러 개의 상처자국을 손으로 만지며 눌러보는 것이었다.

왜냐하면 정말 하나님이 살아계신다면 교통사고 후 1년반동안 고름이 흘러나와서 나를 진저리나게 괴롭히고 자살까지 생각하게 만들었던 이 증세에 분명히 어떤 변화가 일어났을 것이라는 생각이 들었다. 그리고 만일 그 지긋지긋하던 증세가 깨끗하게 치료되었다면 나는 더 이상 하나님을 부인할 수 없고 결국 하나님의 존재를 인정해야만 했기 때문이었다.

그날 나는 정말 떨리는 마음으로 여러 군데의 상처를 하나하나 눌러보았다. 특별히 1년반동안 단 한번도 실밥이 나오지 않아서 치료가 불가능하다고 했던 배꼽 옆 좌우에 있는 상처는 몇 번을 더 눌러보았다. 그런데 신기하게도 아무런 통증이 전혀 없었다. 더욱 놀라운 것은 모든 상처의 진물이 깨끗하게 말라버린 것이다!

할렐루야!

도대체 어떻게 이런 일이 일어나는 것일까 …?

도저히 인간의 말로는 설명할 수 없는 이 놀라운 현실 …

나는 그때 한참동안을 아무 말도 하지 못한 채 계속 감사의 눈물만 흘리고 있었다.

그리고 나를 너무나 사랑하셔서 놀랍게 치료해 주신 하나님 앞에 무릎을 꿇은 채, 오직 두마디 말 밖에는 할 수가 없었다.

"주님 … 저를 … 이토록 … 사랑하셨습니까?"

"이제 주님을 위하여 나의 생명을 드리겠습니다!"

이미 수십년 전의 사건이지만 나는 지금도 그때를 생각하면 몇 가지 사실들이 떠오른다.

그 놀라운 축복이 결코 나의 노력으로 된것이 아니라, 모두다 하나님의 크신 은총 때문이였음을 …

내가 가장 연약할 때 하나님의 은혜를 크게 받았기 때문인지 또 다시 나의 생애에 좋은 일이 찾아 올것만 같은 밝은 느낌 … 특별히 하나님과의 1:1의 만남을 통하여 다가온 '내가 하나님의 자녀가 되었구나' 하는 분명한 구원의 확신과 놀라운 평안을 나는 지금도 잊을 수가 없다.

정말 그날의 사건은 놀라운 것이었다. 만일 내가 하늘의 빛만 보았다면 그토록 놀라지 않았을 것이다. 만일 내가 하나님의 음성만 들었다면 그렇게 놀라진 않았을 것이다. 그러나 나는 그날 밤에 〈하늘의 빛〉과 〈하나님의 음성〉과 〈기적적인 치료〉의 3가지의 은혜를 동시에 체험했기에 감격이 더욱 넘쳤던 것이다.

나는 훗날 하나님께서 나를 만나주실 때 한 가지 은혜만 주셔도 충분할 텐데, 왜 3가지 은혜를 동시에 선물로 주셨을까에 대하여 깊게 묵상한 적이 있었다. 거기에는 이유가 있었다.

그 한 가지는 내가 고집이 세고 의심이 많으므로 확실한 믿음을 갖게 하기 위하여 … 또 한 가지는 나의 고통이 남보다 많았기에 그 아픔을 위로해 주시기 위하여 … 마지막 이유는 남다른 은혜를 받아서 하나님의 영광을 위하여 충성할 때도 남다른 열심히 헌신하게 하기 위하여 …

그날은 정말 내 인생 최고의 행복한 날이었고, 허물 많은 인간이 하나님을 1:1로 만난 감격의 날이었다. 단 한번의 이 놀라운 은혜로 27년 동안 나를 괴롭히던 모든 슬픔과 아픔이 순식간에 떠나간 결코 잊을 수 없는 날이었다.

나는 그날 기도원에서 주님을 뜨겁게 만난 뒤부터 내 평생에 결코 흔들리지 않는 한 가지 확신을 갖게 되었다. 그것은 인간이 어떤 죄와 어떤 병, 그리고 어떤 문제와 어떤 고통에 있을 찌라도 하나님을 강력하게 만나기만 하면 순식간에 해결된다는 사실이다.

나는 목회를 하면서 매우 중요한 2가지 주제가 있다.

하나는 〈하나님의 놀라운 사랑〉이요, 또 하나는 〈거룩한 만남〉이다. 이것은 기도원에서 영적 체험을 했기 때문이다.

그러므로 나는 이 사실을 굳게 믿는다. 문제 많은 세상에서 살아가는 인간이 승리의 삶을 살아가는 비결은 오직 한가지뿐임을 … 곧 끝없는 사랑으로 우리를 품어 주시는 하나님의 넓은 가슴을 향하여 우리의 아픔과 문제를 안고 끊임없이 뛰어 들어 가는 것 밖에는 없다는 것을 …

"내가 그 말소리를 들었는데 그 말소리를 들을때에 내가 얼굴을 땅에대고 깊이 잠들었었느니라. 한손이 있어 나를 어루만지기로 내가 떨더니 그가 내 무릎과 손바닥이 땅에 닿게 일으키고 내게 이르되 은총을 크게 받은 사람 다니엘아 내가 네게 이르는 말을 깨닫고 일어서라 내가 네게 보내심을 받았느니라 그가 내게 이말을 한 후에 내가 떨며 일어서매"(다니엘 10:9~11)

4. 오산리 기도원과 숨겨진 이야기

절망적인 상황에서 극적으로 하나님을 만남으로써 놀라운 치료와 기적을 체험하고, 주님의 종으로써 새롭고 영광스러운 삶을 살게 된 것은 큰 축복이었다. 더욱 감사한 것은 내가 기도원에서 하나님을 만났던 사건이 나 혼자의 일로 끝나지 않고, 몇 년 뒤 크고 아름답게 열매 맺을 수 있게 된 것이다.

　내가 놀라운 기적을 체험한 세계적으로 유명한 오산리기도원의 시작은, 최자실 목사님의 기도로 시작되었다. 여의도 순복음교회가 서대문에 있었던 시절에 조용기 목사님과 최자실 목사님은 많은 심방과 설교로 늘 피곤해 계셨다.
　최자실 목사님은 기도와 금식으로 영적 휴식 및 새 힘을 얻기 위하여 경기도 파주군 조리면 오산리에 있는 땅을 구입 하신 뒤에 개인 기도용으로 사용하셨다.
　그러던 어느 날, 최목사님이 과로로 적십자 병원에 입원하셨는데, 그때 하나님의 음성을 들으셨단다.
　"네가 왜 이렇게 병원에 누워만 있느냐? 오산리에 가서 기도굴을 파라."

　최목사님은 놀라서 정신을 차린 뒤에, 오산리에 기도굴을 파고 기도하게 되었고 여의도순복음교회 성도들이 그 기도굴에서 금식하고 기도하면서 많은 기적들을 체험하게 되자 처음으로 시멘트 블록의 작은 기도원을 짓게 되었다.
　오산리기도원의 소문은 전국적으로 퍼지게 되었고 점점 더 초교파적으로 많은 성도와 병자들이 몰려오게 되자, 1973년에 조금 더 큰 규모의 기도원이 빨간 벽돌로 세워지게 되었다.

그때부터 〈금식기도원〉이라는 명칭이 정식으로 사용되어졌고, 바로 그 성전에서 내가 1978년 봄에 놀라운 기적을 체험하게 된 것이다.

그리고 4년 뒤인 1982년에 드디어 오산리기도원이 지금의 모습으로 세워지게 되는데, 그 배후에는 많은 하나님의 사람들의 기도와 헌신과 눈물과 가슴 조이는 시간들이 있었다.

오산리 지역에 세계적인 규모로 기도원이 건축된 것은, 정말 기적이었다. 그 지역은 지금도 〈군사작전 지역〉이다. 그렇기 때문에, 건축허가를 받으려면 도청이나 군청이 아닌 군부대의 허가를 받아야만 했다. 그 이유는 전쟁 발발시에 군부대 작전에 방해가 되어서는 안되기 때문이다.

민족복음화의 큰 꿈을 갖고 계신 조용기 목사님과 최자실 목사님은 기도원 건축의 계획은 갖고 계셨으나, 그 어떤 방법도 없는 상황이였기에 기도만 하고 계셨다. 여의도순복음교회 중진이신 몇 분의 장로님은 가능한 모든 방법을 동원해서 기도원 건축을 추진하려고 했지만, 조금도 진도가 나가지 않았기 때문에 속을 태우고 계셨다.

조용기 목사님이 미국 레이건 대통령의 취임식 설교를 맡아 미국으로 가시면서 공항에서 몇 분의 장로님들에게 부탁하셨다.

"내가 미국 다녀오는 동안에 꼭, 건축허가를 받으시기 바랍니다.

만일 허가 받지 못하면, 아쉽지만 오산리에서 남쪽으로 내려간 곳에 기도원을 지을 수밖에 없습니다."

그 당시 기도원 건축의 책임을 맡은 고상권 장로님과 이종은 안수집사님은 더욱 마음이 무거울 수밖에 없게 되었다.

그런데 어느 날, 드디어 하나님의 때가 다가왔다. 장로님들이 이 문제를 해결할 수 있는 뜻밖의 소식을 듣게 된 것이다. 그것은 건축허가의 열쇠를 쥐고 있는 담당 부대의 사단장님과 연대장님이 최근에 예수님을 영접하였고, 침례를 받으셨다는 사실이다.

그래서 침례를 집례한 군종참모인 박봉상 목사님을 찾아가서 부탁하면 '어떤 방법이 생기지 않을까?' 생각하신 것이다.

장로님들의 간절한 부탁을 들은, 박봉상 목사님은 사단장님을 찾아뵙고 기도원 건축의 필요성에 대하여 간곡히 말씀드렸지만, 군 작전지역 안에서의 기도원 건축은 전혀 불가능한 일이였다. 그 일은 대통령조차도 결코 허락하지 않는 매우 곤란한 일이였기 때문이다.

박 목사님은 사단장님을 몇 번이나 찾아가 설득하고 권면하였다. 박목사님은 사단장님께 "세상에서 장군이 되시는 것도 중요하지만, 민족 복음화를 위하여 이 중요한 일에 힘을 쓰시는 것은 하늘나라에서 영원히 별같이 빛나는 복된 일입니다."라고 설득하였다. 그러자 사단장님은 오전 금식을 3주 동안 하면서 많은 고민을 한 뒤에, 하나님의 은혜로 기도원 건축의 중요성을 깨닫게 되었고 담대하게 대통령에게 보고한 뒤, 결국 승낙을 받게 됨으로써 드디어 세계적인 기도원이 세워지게 된 것이다.

　기도원이 건축되고 준공식을 드리는 날, 조용기 목사님께서는 건축허가를 믿음으로 내어준 사단장님을 기도원 강단으로 초청하여 함께 손을 잡으시고 하나님께 큰 영광을 돌리심으로써, 사단장님의 귀한 믿음과 결단에 큰 칭찬과 격려를 드렸다.
　그런데 성결교단의 군종 목사였지만 순복음교단인 여의도순복음교회에서 운영하는 기도원 건축을 위하여 최선을 다하며 많은 수고를 아끼지 않고 충성하신 박봉상 목사님은 나의 큰 매형 곧 나의 큰 누님의 남편이다.
　그 당시, 여의도순복음교회 전도사님이시며 나의 어머니 되시는 장경화 전도사님이, 최자실 목사님과 늘 가까이 계시면서 기도원 건축을 위하여 눈물로 기도하고 계신다는 사실을 사위인 박봉상 목사님이 알고 계셨다. 그래서 더욱 자원하여 이 귀한 일에 최선을 다한 것이다.

　그리고 또 하나 숨겨져 있는 이유가 있는데, 그것은 내가 하나님을 만난 사건 때문이다.
　박 목사님은 내가 교통사고를 당한 뒤 1년 동안 병원에 입원하고 있을 때, 처남인 나를 위해 많은 수고를 아끼지 않으셨다. 그렇기에, 나의 건강이 얼마나 약해졌으며 얼마나 절망적인 상황이었는지 누구보다도 잘 알고 계셨다.

그런데 어느 날, 박 목사님의 사모님인 나의 큰 누님과 내가 기도원에 올라가더니, 그날 저녁에 바로 하나님을 만나고 놀라운 기적을 체험한 뒤 신학을 공부하며 건강한 모습으로 새 삶을 살아가는 것을 보고 크게 놀래셨다.

그러므로, 나처럼 인간의 힘으로는 해결할 수 없는 큰 질병이나 고통 속에 있는 불쌍한 사람들이, 마음 놓고 금식하며 기도함으로 치료의 기적을 맛보고 새 삶을 살아 갈수 있도록 하나님이 기뻐하시는 기도원 건축에 누구보다 앞장서서 적극적인 노력을 기울이신 것이다.

지금은 경기도 이천의 시온성교회 당회장 목사님으로 시무하시는 박봉상 목사님과 큰 누님께 다시한번 고개 숙여 깊은 감사를 드린다. 그리고 오산리기도원이라는 기적의 동산을 세우는 과정에서, 부족한 우리가족을 들어 사용하시는 하나님의 놀라운 은총에 머리 숙여 깊은 감사를 드린다.

이 귀한 하나님 사업의 작은 부분을 맡아서 수고하게 하시고자 지난날, 하나님께서 우리 가정에 남다른 시련을 주셨고 기도하시게 하셨음을 이제는 조금 알 것만 같다.

5. 암탉이 울어야 병아리가 나온다

모든 나라마다 속담과 격언이 있는데, 그 속에는 그 나라의 문화적 배경이 들어있다. 그중 우리나라에서 자주 사용하는 말 중의 하나가 "암탉이 울면 재수가 없다."는 말인데, 이 말속에는 남존여비의 사상이 짙게 깔려있다. 그런데 이 말은 우리 가정과 집안에서는 맞지를 않을 뿐만 아니라 정반대이다. 그러므로 나는 이 말을 바꿔서 사용하는 것을 좋아한다.

"암탉이 울어야 병아리가 나온다."

왜냐하면 우리가정은 어머니가 오랜 세월 예수님 안에서 마치 암탉같이 우셨기에 놀라운 생명의 열매를 거두게 되었기 때문이다.

어머니의 신앙은 〈기도와 눈물〉로 표현할 수가 있는데, 특별히 40년간 계속된 오전 금식은 정말 힘겨운 해산의 고통이였고, 그 기도가 있었기에 자녀들의 삶 속에 많은 생명의 열매를 맺을 수 있었다.

어머니의 신앙 중 또 하나 특별한 것은 물질로 하나님을 섬기는 모습이었다. 어머니는 우리 가정에 기쁜 일이 생겼을 때는 물론이지만, 힘들고 어려운 일이 생기면 가장 먼저 생각하시는 것이 두 가지였다.

하나는 가정예배, 또 하나는 감사 예물 이였다.

왜냐하면 하나님이 함께하시고 지켜주심으로 악한 세력이 틈타지 못하게 되고 합력하여 선을 이룰 수 있다고 확신하신 것이다.

어머니의 물질로 하나님을 섬기는 모습은 십일조 생활에 대한 철저함으로 나타났다. 내가 청소년시절에 우리 집에 돈이 없어서 어머니가 이웃에게 돈을 빌려 오셨는데, 그 돈에서 십일조를 구별하여 하나님께 드리는 모습을 보면서 나는 한참동안 이해할 수가 없었던 기억이 난다. 그리고 나는 집안에 때때로 돈이 없을 때도 어머니 성경책 속에는 반드시 깨끗한 지폐가 몇 장씩 있다는 것을 알고 있었지만, 단 한번도 그 돈을 몰래 꺼내 쓴 적이 없었다. 그때 나는 이미, 그 돈이 하나님의 것인 것을 알고 있었던 것이다.

오산리 기도원이 세워진 것은 1982년 이였는데, 그때 어머니는 건축 헌금으로 100만원을 작정하신 후 하나님께 드리셨다. 30년 전의 이 금액은 어려웠던 우리 가정의 형편과 비교하면 매우 큰 돈 이였다. 그 당시 대학 등록금이 20만원이였을 때니까 …
결국 이 모든 일들을 통하여 조금씩 조금씩 어머니의 신앙은 자녀들인 우리들에게 대물림이 되었고, 훗날 내가 성경에서 가장 좋아하는 단어인 〈경외함〉을 배우는 복된 계기가 된 것이다.

4장
이 땅위의 작은 천국을 만드신 하나님

1. 어느 신학생과 미대생의 만남

기도원에서 하나님을 뜨겁게 만난 뒤, 내 삶은 크게 변하였고 나는 늘 감사가 넘쳤다. 죽음의 자리에서 생명을 맛 본 나는, 하나님의 은혜를 갚기 위하여 가장 먼저 신학교에 입학하기 위한 준비에 몰두하기로 작정했다.

약 1년동안 세상과 육신의 일을 멀리하고, 하나님의 일에만 전념하기로 결심했다. 그때 나는 8개월 동안 거의 두문불출하면서 창세기부터 성경말씀을 노트에 정서하며 말씀을 묵상했다. 기도하면서 하나님을 조금이라도 더 알고, 가까워지고 싶었다.

그리고 집중해서 성경의 핵심인 4복음서(마태복음, 마가복음, 누가복음, 요한복음)를 읽고 묵상하면서, 예수님의 생애와 뜻과 사랑에 대하여 깊이 알기를 힘썼다. 해석이 곤란한 부분은 주석을 참고하면서 이해하기를 힘썼다.

일년동안의 광야 같은 생활을 통하여 하나님은 나에게 많은 은혜를 쏟아 주셨고, 결국 나는 지난날의 많은 불순종과 방황을 철저히 회개한 뒤, 신학교에 입학하였다. 주님께 나의 삶과 모든 것을 드리는 주의 종의 길로 들어서게 되었다.

신학생이 되어 이전과는 전혀 다른 새로운 삶을 살며, 새로운 사람들과의 만남을 갖게 되자, 나의 삶 속에서는 비전이 생겼다.

감사와 기쁨이 넘치던 어느 날, 군대에서 가깝게 지내던 친구가 보고 싶어서 찾아 가게 되었다. 이 친구의 가정은, 보수적인 나의 가정과는 반대로 매우 개방적이었다. 군대에서 제대한 후부터, 교통사고 나기 전까지, 여러 번 그 친구의 집에 간 기억이 있는데, 그 때는 내 삶이 많이 곤고하던 시절이였기에, 그 집에 가면, 2층 옥상에서 한참동안 큰 소리로 세상의 유행가를 부르곤 했었다. 그 때문에, 친구 아버지는 나를 별로 좋아하지 않으셨지만, 노래를 워낙 좋아하셨던 친구의 어머니는 "진수가 얼마나 답답하면, 저렇게 노래를 계속 부르겠어요?"라고 말씀하시면서 늘 나를 위로해 주셨다.

그 친구의 가정은 오래전에 서울 시내에 있는 정동감리교회를 다녔었다. 하지만, 근래에는 교회에 다니지 않는다는 것을 알고, 나는 교회로 인도를 하고 싶었다.

그 가정에 다시 찾아간 것은 교통사고가 난 뒤, 약 3년 후의 일이었다. 병원 생활과 치료에 1년 반의 시간이 흘렀고, 하나님을 만난 뒤에 신학을 준비하고, 삶의 궤도를 완전히 수정하는 큰 소용돌이를 겪다보니, 시간이 훌쩍 지나가 버린 것이다.

오랜만에 만난 나를 친구의 가족들은 반갑게 맞아 주었는데, 옛날과 많이 달라진 내 모습을 보면서 모두들 무척 놀라는 눈치였다. 그도 그럴 것이, 몇 년 전의 나는 전혀 믿음도 없었고 점퍼 차림의 조금은 거친 모습이었는데, 지금은 양복에 넥타이까지 한 깔끔하고 의젓한 모습의 신학생으로 변해서 돌아왔기 때문이다.

사실, 친구네 집에 갈 때에는 가벼운 마음으로, 내가 하나님을 만난 과정과 교통사고의 고통에서 살아난 간증을 말씀드려서 하나님의 사랑을 전해 드리려고 했다. 하지만, 워낙 오랜만의 만남인데다, 몇 년 전만 해도 무척 방황하던 내가, 어느 날 갑자기 찾아가서 하나님의 은혜에 대하여 증거하려면 무언가 특별한 분위기가 필요할 것 같았다.

그래서 오랜만에 찾아간 친구와, 그 가족들께 간단한 인사를 드린 후, "함께 예배 드리시지요…"라고 엄숙하게 말씀드렸다. 그렇지 않아도 너무 변해버린 내 모습을 바라보면서 감동과 의아한 시선을 멈추지 않고 있던 친구의 가족 모두는, 예배를 드리자는 권유에 너무나 놀라서, 나를 계속 바라보고 있었다.

그때까지 나는 직접 예배를 인도해 본적이 전혀 없었고, 계획에 없던 예배를 드렸기 때문에, 그 당시 무슨 말을 했는지 솔직히 잘 생각나질 않는다.

다만 기억나는 것은, 나의 간증에서 중요한 내용들을 말씀드렸고, 특별히 오산리기도원에서 하나님을 만나고 체험하는 장면을 실감나게 전해 드린 후, 하나님은 정말 살아 계시니까 잘 믿으시고 교회에 열심히 나가셔서 많은 축복을 받으시라는 내용이었다.

비록 서투른 예배였지만, 나로서는 최대한 신령과 진정으로 드린 예배였기에, 하나님께서 그날의 예배를 기쁘게 받으셨음을 느낄 수 있었다.

왜냐하면, 그날 함께 예배를 드린 내 친구의 식구들 중, 친구의 막내 여동생이, 그날 예배 후, 잃어버렸던 신앙을 회복하게 되었고, 하나님을 뜨겁게 사랑하게 되었기 때문이다.

그녀의 성격은 매우 밝았다.

친구네 집에서 예배를 드린 이후부터 그녀는 나에게 호감을 보였고 나 또한 그녀를 보면, 삶의 의욕과 기쁨을 느꼈다. 우리는 시간이 지날수록 서로에게 점점 호감을 갖고 가까워지게 되었다. 다소 심각한 성격인 나에게, 그녀의 밝은 성격은 큰 기쁨을 주었다. 그녀는 지혜로웠기에, 고집 세고 우직한 나를 조금씩 변화시킬 수 있었다. 예능에 달란트가 매우 뛰어나, 다양한 운동도 즐기며 잘 했던, 건강한 그녀는, 몹시 체력이 약했던 나에게 삶의 큰 활력소가 되었다.

하지만 나는 그녀에게 내 마음을 쉽게 보여줄 수 없었다.
나이 차이도 있었고, 내 건강상태가 정상인에 비하여 많이 약했을 뿐만 아니라, 재산도 별로 없었기 때문에 그녀가 나와 결혼한다면, 분명 많은 고생을 해야 할 것을 알고 있었기 때문이다.
그러나 그녀의 마음은 점점 단호해졌고, 분명해졌다. 아마도 그것은, 죽음에서 살아난 나의 모습을 통하여 하나님의 살아계심을 간접적으로 느꼈으며, 건강한 보통 사람들보다 절반밖에 되지 않는 건강과 체력으로 주님의 일을 열심히 하려고 하는 나의 모습에, 이 사람을 반드시 도와야겠다는 하나님이 주신 거룩한 사명감이 생겼기 때문 인것 같았다.

나는 그러한 그녀의 단호한 결심을 확인한 후, 집중적으로 기도하기 시작했다, 그녀는 평생의 꿈이었던 미술공부를 모두 포기한 채 가난한 신학생과 결혼하려고 했다. 그 마음은 결코 인간의 힘으로 된 것이 아닌, 곧 하나님의 놀라운 은총임을 깨달았다. 결국 그녀를 내 평생의 반려자로 삼을 각오를 했다.

2. 엽서 50 장과 사랑의 화살

하나님의 은혜로 서로 호감을 갖게 되고, 결혼까지 생각하기 시작하던 어느 날, 우리들의 사이를 알게 된 그녀의 아버지는 엄청난 반대와 핍박을 하기 시작하셨다. 그럴수록, 나는 그녀와 함께 더욱 더 간절히 기도하며, 짧지 않은 시간을 인내하며 기다려야만 했다.

그녀의 아버지의 극심한 반대로 나와 그녀는 거의 생이별을 하게 되었다. 그녀도 마음이 너무 힘들었던지, 나와 만나는 것을 모두 중지한 채, 달팽이처럼 자기 껍질 속에 숨어만 있었다.

답답함을 견딜 수 없던 나는, 어느 날 그녀에게 마음을 전달하기로 작정을 한 뒤, 엽서 50장을 샀다. 그리고 나의 변함 없는 마음과 그녀에 대한 안타까움과 그리움을 엽서 50장에 적은 뒤, 그녀가 다니는 대학교에 발송했다. 내 마음이 얼마나 답답했던지 50장의 편지를 쓰는데 이틀 밖에 걸리지 않았다.

놀랍게도 이 일이, 전혀 예상치 못한 큰 반응을 일으켰다. 엽서는 편지와 달리 봉투가 없기 때문에 글 내용을 누구나 볼 수가 있다. 나의 지극 정성으로 쓰여진 엽서 50통은 교수님 손으로 넘겨졌고, 교수님은 강의시간에 그 중 몇 통의 엽서내용을 학생들 앞에서 읽어준 것이다.

모든 학생들은 그녀에게 어떻게 러브레터 50장이 한꺼번에 올

수 있었는가를 묻게 되었고, 그 모든 내용은, 어떤 한 남자가 이루어 질수 없는 사랑을 가슴 아파하며 결코 손으로 쓴 편지가 아니라 가슴으로 쓴 편지임을 알게 되었다. 크게 감동을 받은, 그녀의 친구들은 이구동성으로 말했다.

"어머머. 그런 남자는 절대 버리면 안돼! 어떤 힘든 상황이 와도 놓치지 말고, 꽉 잡아!"

결국, 50장의 엽서 사건으로 그녀는 나에게 돌아왔고, 우리의 사랑은 더욱 견고해질 수 있었다. 그 때 그 시절, 그녀와 나를 다시 묶어준 엽서 중에서 몇 장을 소개하고 싶다.

〈엽서1〉 외침

"도대체 당신은 누구십니까?

　죽음보다 달디단 나의 잠을 깨우는

　뿌연 회색의 너울을 쓴 당신은…"

〈엽서2〉 내 당신 그려

"내 당신 그려, 이리도 연연함은

　그 어느 다른이유　전혀 아니외다

　다만 어여쁜 바램 간직한 채

　　곱게 다가오는 마알간 눈망울과

　　포근히 기대어 감긴 눈매가

　　못내 서러워서 사랑이기 때문이요."

〈엽서3〉 사랑

"결코 아무말도 하지 않았다.
　그리고 아무말도 듣지 않았다.
　　허나 가슴 가득 맺힌 말을 하지 못하는
　　못난 내 모습 속에　백치를 본다.
　　얼굴이 여러개인 나의 소녀야."

〈엽서4〉 비 내리는 기도원에서

"빗물이 내리며 땟물이 벗겨지듯
　눈물이 떨어지니 모든 죄 잠이 들고
　콧물이 흐르니 영혼에 꽃이 핀다."

〈엽서5〉 나의 고백

"우 리 는 … 실수하며…
　성장해 … 가나보다…"

〈엽서6〉 젓가락의 웃음소리

진리는 물에 담근 가느다란 젓가락
　인간은 똑똑한체 바보스런 멍텅구리

누구는 젓가락이 굽었다고 말을 하고
　누군가는 물이 굽게 한다 말하며

서로가 옳다고 핏대를 세우지만
　　　사실은 우리들의 눈이 굽어진것
　　　하여 그것하나 제대로 못보는
　　　우릴향해 젓가락은 배를 잡고 웃는다

〈엽서7〉 달타령 사랑타령
달 달 무슨달 당신처럼 고운달
　어디어디 떳나? 내 마음에 떳지
　　달은 저리도 환하게 둥글어
　　홀로 좋아서 환하게 웃는데
　　　내달은 반달 아직은 조각달
　　　반조각이 싫어서 눈썹까지 솟은 달
　　　그러나 나의 달도 언젠간 영글어서
　　　만월로 비출날 손꼽아 기다리며
　　　　오늘도 마음 속 촛불을 밝히운 채
　　　　나는야 님그려 이 밤에도 사랑타령

〈엽서8〉 병상에서
"라일락 향기가 꽃바람 타고서
　젊음을 스쳐가는 병원의 뜨락에서…

불면의 기나긴 밤 천정을 응시하며,
고독을 트림하는 병원의 침상에서 …

자기도 아니고 타인도 아닌 모습속에
헐렁한 환자복을 걸친 채 홀로 섰다.

오고가는 인파를 부럽게 바라보며
창가에 기대인채 세상을 관조(觀照)한다

병원과 세상은 이토록 먼것인가?
하염없는 기다림은 이제는 아픔이다."

이 엽서들을 쓸 때가 하필이면 신학교 시험기간이었고 아예 시험시간에 엽서를 썼기에, 몇 과목의 점수를 제대로 받지 못했다. 그러나 시험은 다시 또 볼 수 있지만, 사랑은 한번 가면 다시 오지 않고 때를 놓치고 나면 두고두고 후회 하는 것… 결국 나는 그 해 여름방학에 재시험을 봐야 했다. 사랑을 얻은 기쁨으로 오히려 감사하면서 무더운 여름을 시원하게 보낼 수 있었다.

3. 이루어 질 수 없는 사랑

한 남자와 여자가 만나고 헤어지는 일이, 세상에서는 너무도 쉬운일인지 모르겠지만, 하나님의 뜻 안에서 만난 우리의 만남은 정말로 놀랍고 때론 기이했다. 왜냐하면 거의 실낱같이 끊어질듯 하다가도 다시 또 만남이 계속될 수 있었기때문이다.

우리 두 사람은 예수님 안에서 결혼을 확정지었다. 그러나 그녀 아버지의 반대는 날이 갈수록 거세어졌다.

그녀는 아버지의 명령으로 내가 찾지 못하도록, 대전에 가서 숨어 지내야 했다. 그녀와 나는 강제적으로 헤어진 뒤, 10일이 지나도록 얼굴도 못 보고, 연락도 되지 않는 답답한 상황에 있어야 했다. 그러므로 우리의 사랑에 위기를 느낀 내가 그때 할 수 있는 일이라고는 오직 하나님께 간절히 기도하는 것 뿐이였다. 얼마나 얼마나 간절히 기도했던지, 그때를 생각하면 신기하기까지 하다.

그런데, 어느날 신학교에 가던 날이었다. 나는 평소처럼 서울에서 버스를 타고 등교하고 있었다. 버스를 타고 한참을 가다가 홍제동을 지나 홍은동에 도착할 때였다. 이상하게도 누군가 자꾸만 나에게 "자리를 옮겨서 버스 정거장을 쳐다봐라!"라고 말하는 것 같았다.

버스 맨 뒷좌석 왼쪽 끝에 앉아 있던 나는 오른쪽으로 몇 자리 옮긴 뒤에, 무심코 버스정류장을 쳐다 봤는데…

"주여! 이게 어떻게 된 일입니까!?"

그곳에 내가 꿈에도 그리던 사랑하는 그녀가 서 있는 것이 아닌가? 나는 급히 가방을 들고서, 뛰어 내리려고 했지만, 버스는 야속하게도 이미 출발하고 있었다. 나는 그때, 이산가족들이 수 십년 만에 상봉한 것처럼 가슴이 뜨거워지고, 목이 메여서 견딜 수가 없었다. 그러므로, 버스 유리창을 열고 손짓을 하며 목이 터져라 크게 외쳤다.

"미혜야 …! 나다! 나야 … 학교로 가고있어, 빨리 따라와!"

우리는 그 날, 너무나도 희한하게 예상치 못한 곳에서 또 다시 만났고, 한 가지 사실을 분명하게 재확인 할 수 있었다. 우리는 결코 떨어져서는 살 수 없음을… 그렇게 우리의 사랑은 더욱더 깊어져만 갔다.

그 당시에는 그녀의 아버지가 왜 그토록 심하게 반대하셨는지 정확한 이유를 알 수가 없었다. 나중에 알고 보니 오래 전부터 아버지는 온 가족과 함께 미국으로 떠나는 이민 수속을 밟고 계셨기 때문이었다.

아버지의 고향은 나의 부모님처럼 이북이셨다.

6.25 전쟁이 일어나자 평양을 떠나 그분과 여동생 두 사람만 대한민국으로 피난 오게 된 것이다. 그분의 여동생, 즉 고모님은 연희전문학교를 졸업한 후 간호장교로 근무하다가 일찍이 미국으로

건너가서 계속 공부하여 의학박사가 되었고 오하이오 주립대학 교수로 재직하고 있었다.

고모님의 남편은 유태인으로써 공학박사였는데 두 분 사이에는 자녀가 없으므로 늘 외로우셨기에 한국에 있는 유일한 혈육인 아버지의 가족 모두를 미국으로 초청하여 남은 여생을 함께 보내기를 소원하셨던 것이다.

이 이민 계획에서 제일 중요한 역할을 한 것이 나와 결혼을 약속한 그녀였다. 아버지는 자녀들 중에서 당신을 가장 많이 닮은 그녀를 가장 사랑했고, 그녀는 그림에 많은 소질이 있었다. 그러므로 미국의 고모가 그녀를 양녀로 삼고 미술 공부를 시킨 뒤 프랑스 유학까지 후원할 것을 제안하였고 아버지는 기꺼이 승락함으로 이민 계획은 잘 진행되고 있었다.

그런데 만일 그녀가 나와 결혼을 해서 한국에 남게 되면 그 모든 계획들이 물거품이 될 수밖에 없었기에 그분은 필사적으로 반대하신 것이다. 결혼식이 가까워질수록 장인어른의 핍박은 구체적으로 변해갔다. 내가 당신의 집에 출입하는 것을 금지시켰고, 나와 가까웠던 그녀의 오빠들에게도 결코 이 결혼에 동조하지 말 것을 명령하셨다.

그분이 나를 얼마나 미워하셨던지 급기야 몸의 절반이 마비되는 중풍이 다가왔고 갑작스런 큰 병을 고치기 위하여 여러 병원을 다녀 보았지만 효과는 없었다. 결국 미국 고모가 의사로 있는 오하이오 주립대학 병원에서 치료받기 위하여 미국을 다녀 오시게 되었다.

그러나 그녀의 아버지와는 달리 어머님은 우리의 결혼에 하나님의 뜻이 계심을 확신하셨기에 나와 그녀를 계속 위로해 주셨고 많은 기도로 후원해 주셨다.

그러던 어느 날 어머님은 기도하시던 중 갑자기 결혼날짜를 잡으셨다. 아버님이 미국에서 치료받으심으로 한국에 계시지 않을 때 결혼식을 올리기로 하신 것이다.

우린 이 결정에 너무 기뻤고 때를 따라 도우시는 하나님의 은혜에 깊은 감사를 드렸다. 하지만 결혼 이틀전에 드디어 또 다시 난리가 났다.

미국에서 우리의 결혼식소식을 들으신 아버지가 몹시 화가 나셔서 여의도 순복음교회로 편지로 보내어 우리의 결혼을 중지시켜 달라고 강력히 요청을 한 것이다. 그러므로 갑자기 주례목사님이 결혼식 이틀 전에 바뀌게 되었다.

드디어 결혼식 날이 되었다. 3월이었기에 날씨는 따뜻하였지만 안타깝게도 결혼식 날에 신부 측 가족과 친척은 거의 참석하지 못한 채, 어머님과 친척 한분만 신부 측 하객으로 참석할 수 있었다.

나는 바짝 긴장해야만 했다. 결혼식장에서 한바탕 소란을 피우겠다는 소문이 돌고 있었기 때문이다. 나는 평생 한번밖에 없는 복된 결혼식이 방해받는 일이 없도록 금식을 하면서 결혼식장에 입장했다. 예측 할 수 없는 상황 속에서 가장 중요한 것은 주례 목사님의 결혼선포가 빨리 끝나야 했다. 나와 그녀가 하나님이 맺어 주신 부부라는 사실이 분명하게 세상에 선포되는 일이기 때문이다.

그래서 신랑과 신부가 함께 손을 잡고 동시 입장을 하였다. 결국 하나님이 지켜 주시므로 큰 어려움 없이 결혼식은 끝이 났고, 나와 그녀는 이제 둘이 아닌 하나가 되었다.

나는 그때 일만 생각하면 30년이 지난 지금도 가슴이 몹시 아프고 장모님과 아내에게 말할 수 없이 죄송한 마음이다.

결혼식이 끝난 얼마 후 장인어른이 귀국하셨다. 현대 의학의 첨단을 걷는 미국의 의술로 치료받았지만 별다른 차도가 없었고 우리의 결혼식에 대한 궁금증도 많으셔서 불편한 몸으로 휠체어를 타시고 귀국하셨다.

우리부부는 장인어른께 인사를 드리기 위하여 몇 번을 찾아 갔지만 계속 거절을 당했기에, 우리의 기도는 더욱 간절해질 수밖에 없었다.

그런데 어느 날 장모님이 장인어른께 간절한 부탁을 드렸다.

"하나님은 살아계셔요. 당신이 간절히 기도하면 반드시 기적을 베풀어 주시고 깨끗하게 치료해 주실 거에요. 우리 함께 기도원에 올라갑시다."

미국에 가도 치료가 안 되었고 한국에서도 특별한 방법이 없었기에 이제 치료방법은 하나님 앞에 나가는 것 밖에 없다는 사실을 장인어른은 잘 알고 계셨다.

어느 날 드디어 결단을 내리셨고 두 분이 함께 오산리 기도원에 올라가신 것이다.

장인어른은 평소에 식사를 한끼도 거르지 않는 분이시며 생전 처음하시는 금식이었기에 쉽지는 않으셨지만 3일동안 금식을 작정하셨다.

그때 장모님은 장인어른에게 이렇게 기도하시라고 부탁하셨다.

"예수님! 진수를 용서합니다. 저를 깨끗하게 고쳐 주옵소서. 예수님! 진수를 용서합니다. 저를 깨끗하게 고쳐 주옵소서."

장인어른은 장모님 말씀대로 주님께 기도하셨고 주님께서는 금식 3일째 되는 날 놀라운 은혜를 허락하셨다. 장인께서 휠체어에서 내려와 혼자 걸으시게 되었고 보호식이 끝나신 뒤에는 아예 기도원 마당을 뛰어다닐 정도로 놀랍게 치료되신 것이다. 놀라운 기적이 일어난 것이다.

결국 이 모든 과정을 통하여 장인어른은 우리의 결혼이 결코 인간의 계획이 아니라 하나님의 뜻 안에서 계획된 것임을 깨닫게 되셨고 그날 이후부터는 장인 어른은 사위인 나를 항상 친아들처럼 따뜻하게 반겨 주셨다.

"우리가 알거니와 하나님을 사랑하는 자 곧 그 뜻대로 부르심을 입은 자들에게는 모든 것이 합력하여 선을 이루느니라." (롬 8:28)

4. 가정은 작은 천국입니다

오랜 세월동안 많은 시련과 외로움으로 살아온 나에게 가정은 축복이었고 에덴의 동산이었다. 늘 많은 것을 잃어 버리며 살아왔던 나의 삶 속에 결혼은 무엇인가 인생의 매우 중요한 것을 얻은 듯한 뿌듯함이었다. 더욱이, 한 여인을 사랑하고 또한 사랑을 받으면서 행복한 내일을 향하여 힘차게 달려간다는 것은 정말 신나는 일이었다. 사랑의 열매로서 자녀들을 얻었을 때의 감동과 생명의 신비로움은 경이로움 그 자체였다.

나는 하나님의 은혜로 복된 결혼을 했지만, 많은 수술을 해서 남들과 비교하면 절반의 건강밖에 안되었기에, 꼭 자녀를 얻어야겠다는 욕심은 부릴 수가 없었다. 그러나 하나님께서는 나의 염려를 기쁨으로 바꿔 주셨고, 귀한 남매를 우리 가정에 선물로 주셨다. 나는 몇 년 사이에 아내, 아들, 딸의 3가지 큰 선물을 하나님께 받은 것이다.

지금도 아들이 태어날 때 느꼈던 생명의 신비로움을 생각하면, 그저 놀랍기만 하다. 아내는 출산을 앞두고 개인병원에 입원해 있었기 때문에, 나는 아내의 산통부터 출산 때까지 옆에 있을 수 있었고 몇 시간 동안 계속 기도할 수 있었다.

얼마 후, 아내는 분만실로 들어갔고, 약 1~2시간 후에 아버님과 어머님이 손자를 안고 나오시면서 감격한 목소리로 "자네 아들일세."하며 나에게 갓난아기를 보여 주셨다.

그러나, 나는 아들을 보는 순간, 감사를 하기 보다는 너무나 놀라서 회개부터 해야 했다. 생전 처음으로 본 갓난아기, 그것도 내 아들의 모습이 예상했던 모습과는 많이 달랐기 때문이다.

처음 세상 밖으로 나오면서 무척 힘이 들었는지, 한쪽 눈만 뜨고, 한쪽 눈은 감고 있었고, 입은 계속 벌리고 있었는데, 내가 정말 놀란 이유는 바로 머리 때문이었다. 동그랗고 아담 할 줄 알았던 아기의 머리가, 작은 호박처럼 길쭉하고 울퉁불퉁했기 때문이다.

나의 놀란 표정을 보신 어머니께선 "며칠 후면 머리가 제 자리를 찾고 괜찮아 지네…"라고 말씀하시며 놀란 나를 위로하셨지만, 나는 그 말을 도저히 믿을 수가 없었다. 그런데 며칠 후, 언제 그랬냐는 듯이, 너무나 멀쩡하고 정상적인 아들의 머리 모양을 보면서, 중요한 사실을 깨닫게 되었다. 비록 이 세상의 많은 남녀들이 결혼을 하고 자녀를 낳지만, 그 참된 부모는, 육신의 아버지와 어머니가 아닌, 즉, 생명의 하나님이라는 사실을…!

결혼 후 몇 년이 지난 어느 날, 나는 깊이 생각해 보았다. 내가 하나님을 만난 후, 왜 하나님은 나에게 가정이라는 선물을 가장 먼저 주신 것일까? 거기에는 분명한 하나님의 계획이 있었다.

첫째, 내 몸이 많은 수술로 약해진 상태이기에, 평생의 목회를 위해서는 누군가 한 사람이 계속 옆에서 나를 도와 주어야 하기 때문이다.

둘째로, 아내의 사랑을 받고 자녀에 대한 책임을 느끼면서 뜨거운 삶의 의욕을 가져야 주의 일에 전념하며 힘차게 달려갈 수 있기 때문이다. 어쩌면 이것은 그동안 인생의 달리기에서 오랜 세월 동안 멈춰서야 했던 내 젊은 날의 아픔을 보상받고, 이제 평생토록 힘차게 달려 갈수 있도록 배려해 주신 하나님의 특별한 은혜와 사랑이었다.

셋째로, 가정을 이루는 부모와 자식의 끊을 수 없는 사랑의 관계를 통하여, 교회를 이루시는 예수님과 성도의 사랑의 관계를 올바르게 깨닫게 하시고 그 사실을 세상에 힘차게 전하게 하기 위함이었다.

결국 가정은 이 세상에 하나님이 세우신 작은 천국이며, 교회는 이 세상에 하나님이 세우신 큰 천국이기 때문에, 가정과 교회는 결코 끊을 수 없는 불가분의 관계가 있으며, 가정이 살아야 교회가 살수 있다는 진리를 발견하게 된 것이다.

나는 일찍이 가정의 소중함에 대하여 많은 명언을 한 분들의 가르침 중에서, 특별히 세계의 문호인 J.W 괴테의 다음과 같은 말을 좋아한다.

"그 사람이 왕이던, 농부이던… 가정에서 행복을 찾은 사람이 바로, 세상에서 가장 행복한 사람이다."

5. 그림은 마음으로 그리는 것입니다

아내는 미술을 전공했다. 나는 데이트 할 때도 아내가 그림을 그린다는 사실이 너무나 좋았다. 때때로 나를 모델 삼아 스케치 할 때면 마냥 기뻤다. 하지만, 그러한 아내가 나와 결혼한 뒤, 남편에 대한 내조와 기도, 자녀의 출산과 양육… 그리고 시부모님을 약 26년 동안 모시다 보니, 그림 그리기에 집중할 시간이 없어서, 미술활동을 거의 할 수 없었는데, 이 사실이 나를 늘 미안하게 했다.

가끔 아내는 시간을 내어 집에서 그림을 그리곤 했는데 때론 밤을 새우며 그림 그리기에 열중했다. 아내가 그림을 그리며 행복해 하는 모습을 볼 때면, 내 마음도 행복과 기쁨을 느끼곤 했다. 결혼 초에, 아내가 가장 좋아하는 그림은 〈예수님을 그리는 것〉이었다.

어느 날 나는, 예수님 초상화를 보며 매우 특이한 점을 발견했다.

 아내가 보고 그리는 예수님의 초상화는 늘 같은 것이었는데, 아내가 그려 놓은 예수님의 얼굴들은 제각기 조금씩 달랐다. 그 이유는, 그림을 그리는 아내의 마음이 그때, 그때 달랐기 때문이다.

 지금 우리 집에 있는 예수님 초상화는 결혼하기 전에 아내가 금식을 많이 하고 그려서인지, 매우 경건하다. 그런데, 아내의 마음이 우울할 때 그린 예수님의 초상화는 슬픈 얼굴을 하고 있으며, 아내가 기쁠 때 그린 그림을 보면, 초상화 속 예수님의 얼굴에서 미소가 보였다. 결국, 그림을 그리는 것은 손으로 하는 것이 아니라, 마음으로 그리는 것이며, 사람의 손은 단지 마음의 지시와 감동으로 움직이는 것 뿐이었다. 어쩌면, 이것은 인생을 살아가는 모든 일 속에도 마찬가지이다. 붓글씨를 쓰는 것도, 사랑을 하는 것도, 이웃을 대하는 것도, 목회하는 것도…

 그림을 잘 그리지는 못하지만, 그림 감상과 많은 관심을 가졌던 나는, 시간이 날 때마다, 아내가 갖고 있는 세계미술대전집을 집중하여 보았다. 그럴 때마다, 나의 관심사는 세계적인 유명화가들의 그림 자체뿐만 아니라, 각각의 유명한 작품들이 완성되어질 수 있었던, 배경이야기들이었다. 즉, 작가의 성장과정을 포함한 생애, 가족관계, 그리고 그림을 그리게 된 결정적 동기와 배경, 삶의 고통과 아픔들 …

 그 대표적인 인물이, 바로 노르웨이의 위대한 화가 E. 뭉크였고, 그의 대표작인 〈절규〉였다.

강이 보이는 긴 다리 위에 서서 두 손을 얼굴에 대고서, 눈을 크게 뜬 채 몸을 비틀며 소리를 지르는 한 사람 … 더군다나, 머리카락이 하나도 없기에 기괴하기까지 하다. 이 사람은, 분명 세상을 살면서 많은 아픔과 답답함을 갖고 있는 얼굴이며, 한편으로는 무언가에 크게 놀란 얼굴이다.

어쩌면, 작품 속 그 주인공은, 뭉크 자신의 모습일 수도 있고, 또는 항상 불안과 초조함을 가슴에 안고 이 시대를 살아가는 수많은 현대인들의 자화상일지도 모른다.

모든 예술 작품을 이해하려면, 반드시 그 작가를 알고 이해해야 하듯이, 이 작품을 알려면 뭉크의 어린 시절과 가족사를 이해해야 한다. 그는 5살 때 어머니를 여위었고, 14살 땐 자신을 돌보아 주던 누나가, 그리고 동생마저도 일찍 세상을 떠났다. 뿐만 아니라, 뭉크 자신과, 온 집안 식구들이 오랜 시간동안 병을 앓아 왔다. 아버지는 폐결핵으로 아내를 일찍 잃은 뒤에 성격이 삐뚤어지고, 세상을 등지고 사는 폐쇄적인 삶을 살아갔다. 뭉크의 집 안에는 기쁨이라고는 찾을 수가 없었고, 그는 늘 외로움과 우울함 때문에 힘들어 했고 결국엔, 정신병원에 입원하게 되었으며 죽음과 불안 속에서 살게 되었던 것이다. 이러한 그의 삶에 가득했던 아픔과 응어리가 결국 〈절규〉라는 작품을 통하여 겉으로 나타났던 것이다.

6. 아내에 대한 한없는 미안함

얼마나 많은 고난을 함께 이겨내고 결혼한 아내인가?

얼마나 사랑했기에 자신 있게 했던 결혼인가?

모든 남자들이 그러하듯 나도 아내 한 사람만은 이 세상에서 가장 행복하게 해주리라 결심을 했었다. 그렇지만, 하나님의 종으로서의 삶에 최선을 다하면서 목회 현장에서 정신없이 뛰다보니, 아내와 오붓한 시간을 갖기가 점점 어려웠고, 그 미안함은 세월이 지날수록 내 가슴에 쌓여만 갔다.

그렇게 10년이 지난 어느 날 아내의 얼굴을 보니, 웃음이 많이 없어졌고, 20년이 지난 어느 날 아내를 바라보니, 눈가에 잔주름이 늘었고, 이제 30년이 지난 요즈음에는 시간이 있을 때마다, 아내의 어깨를 주물러 주면서 너무나 미안한 내 마음을 대신하고 있다.

〈아내 원미혜 사모가 「대한민국 기독교 미술대전」에서 제6회, 제8회 때 입상한 작품인 '가나의 기적'과 '은총'이며 제9회 「대한민국 미술 전람회」 기독 금상 수상작품 '사랑의 종소리'〉

그 좋아하던 미술공부를 포기하고, 미국유학도 포기한 채, 몸이 약한 남편을 위하여 늘 기도하고, 시부모님을 오랜 시간동안 모시며, 넉넉지 못한 살림에 남매를 키우느라고 늘 마음고생하며, 여유 없이 살아왔던 아내에게, 나는 정말로 미안하다. 늘 아내에게 빚을 진 기분인데, 언제쯤 그 많은 빚을 갚을 수 있을까? 천국에 가기 전, 이 땅에서 반드시 그 절반은 갚아야 할 텐데, 멋진 방법이 떠오르지 않아서 요즘도 이 일로 고민할 때가 많고 아내를 종종 바라볼 때면, 나는 할 말을 잃을 때가 많다.

유명한 화가 김환기선생이 자신의 아내에게 쓴 글이 생각난다.

한국 근대 미술의 한 획을 그은 김환기의 아내는, 천재시인인 〈이 상〉의 부인 이였던, 김향안이다. 그녀는 〈이 상〉과 결혼 한 뒤, 1년 만에 남편과 사별하게 되고 김환기와 재혼하여 평생 동안 서로 사랑하며 참된 행복을 맛보며 살았다.

한 평생 그림을 그리느라 많은 돈을 벌지 못하고 아내를 고생시킨 김환기 화백이 어느 날 미안한 마음으로 아내에게 쓴 글은 정말 나의 마음을 감동시켰는데 그 이유는 그의 고백이 나의 마음과 똑같았기 때문이다. 그 내용은 다음과 같다.

"아내는 내가 술을 마시든지 … 게으름을 피우든지 … 아무 말도 없다. 돈을 벌어 오지 않아도 말이 없고, 먹을 것이 있든 없든 항상 명랑하다. 아내가 좋아하는 과일은 능금인데… 나는 그 능금을 궤짝으로 사다가 먹여본 일이 없다…"

그러한 김환기 화백이 1970년 제 1회 한국미술대전에서 대상을 수상한 작품인 '어디에서 무엇이 되어 만나랴?'는 한없는 그리움을 수많은 작은 점들을 통하여 상징적으로 그린 것으로도 유명하다.

이 제목은 시인인 김광섭의 작품 〈저녁에〉에서 영감을 얻은 것이다.
"저렇게 많은 별 중에서 별 하나가 나를 내려다 본다.
이렇게 많은 사람 중에서 그 별 하나를 쳐다 본다.
이렇게 정다운 너 하나 나 하나는
어디서 무엇이 되어 다시 만나리."
물론 이 제목과 작품 속에는 아내 김향안에 대한 끝없는 사랑이 녹아져 있음을 알 수가 있다.
나도 나의 사랑하는 아내가 지쳐있을 때면 때때로 이 아름다운 시를 조용히 읊조려 본다.

7. 청국장과 Hazelnut Coffee

가정은 분명 이 땅 위에 있는 작은 천국이다.
그러나 우리가 십자가 아래에서 얻은 천국은 완전한 것이지만, 세상이 험하고, 인간이 연약하기 때문에 그것이 심령천국이든, 가정천국이든, 교회천국이든, 결코 100 퍼센트 완전하게 누릴 수는 없다. 이 땅을 떠난 뒤에 얻는 하늘 천국만이 완전하게 누릴 수 있는 것이다.

나의 가정은 당연히 주 안에서 행복하다. 그 이유는, 예수님이 바로 우리 가정의 주인이시기 때문이다. 때론 작은 어려움도 있었지만, 주님의 도우심으로 늘 쉽게 극복되었다.

어머니

오래전의 일인데, 어느 날 어머니와 아내 사이에 작은 갈등이 있었다. 아내는 젊은 세대답게 커피를 좋아하는데, 특별히 헤이즐넛 커피를 좋아하며, 그 향기가 집안 가득 은은하게 풍기는 분위기를 즐긴다. 하지만, 어머니는 예전부터 커피를 좋아하시지 않을 뿐만 아니라 오랜 오전 금식으로 인하여 늘 신선한 공기가 집안에 가득하기를 원하신다.

아내

어느 날 오전 심방을 마치고 점심때에 집에 돌아와 보니, 집안 분위기가 조금 이상했다. 아내에게 물어 보니… 아내가 오랜만에 헤이즐넛 커피를 마시려고 커피포트로 내린 후 식탁에 앉아 두 자녀와 즐겁게 얘기를 나누고 있었는데, 어머니가 방에서 나오시면서 "나는 커피 냄새가 싫으니, 내가 없을 때만 커피를 마셔라!"라고 말씀하셨단다. 그리고는, 집안의 창문을 다 열어 놓고, 커피냄새를 없애기 위해 집안의 공기를 환기시켰다. 여기까진 괜찮았는데, 그 다음에 일어난 상황이 분위기를 무겁게 만들었다.

어머니가 오전 금식을 마치신 후 점심식사로 청국장을 끓이기 시작한 것이었다. 사실, 청국장은 어머니와 나만 좋아하고, 아내와 아이들은, 냄새만 나도 코를 막고 힘들어 했었다. 정말 그날 우리 집안에는 커피 향과 청국장의 짙은 냄새가 서로 뒤엉킨 채 가득했다.

그날 나는 가정의 제사장으로서, 이 일을 어떻게 해결할까 잠시 생각하다가, 주님의 도우심과 지혜로 어정쩡한 분위기를 수습할 수 있었다. 어머니와 아내에게 두 가지를 부탁드렸다.

한 가지는, 서로의 입장을 존중하자는 것이었다. 80년 이상 청국장을 드신 어머니가 하루아침에 그 좋아하는 음식을 중단하시는 것은 결코 쉬운 일이 아니며, 커피를 무척 좋아하는 아내가 특별한 이유 없이 갑자기 커피 마시는 것을 끊을 필요는 없는 것이다.

또 하나는 서로 지혜롭게 대처하자는 것이었다. 그날 문제의 핵심은, 집안의 공기와 냄새였다. 청국장이든, 커피든, 집안의 냄새를 바꿔 놓기 위해서는, 최소한 한두 시간이 필요하다. 그러므로, 먼저 커피를 마셨다면 한두 시간 기다린 후 청국장을 잡수시면 되고, 먼저 청국장을 드셨다면 한두 시간 뒤에 커피를 마시면 되는 것이다.

예수님께서 마태복음 5장 9절에 분명히 말씀하셨다.
"화평케 하는 자는 복이 있나니…"
그런데 이 말씀 중에서 화평케 하는 자를 영어 성경으로 보면 peace maker, 곧 〈평화를 만드는 자〉라는 뜻이다. 그러므로 성경이 말씀하는 이웃과의 화목과, 하나님께 영광 돌리는 삶은 결코, 소극적인 의미가 아니라, 많은 수고와 노력이 필요한 "적극적"인 의미인 것을 알 수가 있다. 이 진리는, 이 땅 위에서 일어나는 모든 갈등의 해결에도 그대로 적용된다. 인간과 인간사이의 갈등에도… 교회생활에서의 분쟁에도… 직장생활의 불화에도… 더 나아가, 국가 간의 평화뿐만 아니라 세계의 평화를 위해서도 이 진리는 매우 유효하다.
주님이 주신 가정의 행복도 지키는 노력이 필요하다.

8. 하나 더하기 하나는 하나입니다

결혼은 한 남자와 한 여자가 서로 사랑함으로 이루어진다.
그것은 서로를 평생동안 이 세상 모든 사람 중 가장 아끼고 소중히 여기겠다는 마음에서 시작된다. 문제는 비록 서로가 서로를 사랑하지만, 대부분의 사람들은 자기의 방법대로 사랑하려고 애쓰므로 많은 갈등과 고통을 겪게 된다.

나와 아내는 서로 사랑하기 때문에 결혼했다. 그렇지만, 때로는 여러 가지 일에서 한 마음이 되지 않을 때가 있었다. 서로의 개성이 강하기 때문이었다. 아내는 매사에 정확한 성격인 반면에, 나는 다소 덜렁거린다. 아내는 실수를 별로 하지 않는 반면에, 나는 실수를 종종 하곤 한다.

언제부터인가 나의 기도제목은 나와 아내가 모든 일에 하나가 되는 비결을 찾는 것이었다.

어느 날, 하나님께서 아담과 하와에게 인류최초로 가정을 선물하시는 귀한 말씀을 읽다가, 그 해답을 찾게 되었다.

창세기 2장 24절의 "이러므로 남자가 부모를 떠나, 그 아내와 연합하여, 둘이 한 몸을 이룰지로다."라는 말씀이다.

이 세상 모든 부부는 결혼식에 입장할 때까지는 서로가 아직, 남남이다. 즉, 1+1=2 인 것이다. 하지만, 결혼식이 끝나면, 그 공식은 1+1=1로 자연히 바뀌게 된다.

그런데 오늘날, 많은 가정들이 이 사랑의 공식을 이해하지 못함으로 불행한 삶을 사는 것을 보면 몹시 안타깝다. 그 이유는 무엇일까? 그것은 바로 1+1= 1 의 〈성경적 사랑의 공식〉을 제대로 이해하지 못하기 때문이다. 부부가 비록 사랑을 하여도, 그 마음이 삶 속에 열매로 나타나려면, 반드시 하나의 조건을 갖춰야 한다. 먼저 나 자신부터 50%는 포기해야 한다는 사실이다. 그때야 비로

소 그 빈자리를 상대방으로 채울 수 있게 되고, 그때 두 사람은 $\frac{1}{2}+\frac{1}{2}=1$ 의 〈완전한 사랑〉을 이루게 되는 것이다.

하나님께서 쓰신 성경 66권 중, 가장 달콤한 천국의 러브레터인 아가서에서도 이 사실을 쉽게 발견할 수 있다. 솔로몬과 술람미 여인은, 왕과 시골 처녀의 신분으로 만났고 첫눈에 서로 사랑을 느끼고, 결혼까지 한다. 그러나 결혼식을 전후하여 두 사람에게는 두려움과 권태로 인한, 작은 위기를 경험하기도 한다. 하지만, 두 사람은 잠시의 아픔을 진실한 사랑의 힘으로 잘 극복하면서 성숙한 사랑을 완성해 간다. 서로 둘이였던 두 사람이 사랑 안에서 하나가 되어가는 과정이 아가서 전체에 3번 기록되어 있다.

"나의 사랑하는 자는 내게 속하였고, 나는 그에게 속하였구나." (아가서 2장 16절)

"나는 나의 사랑하는 자에게 속하였고, 나의 사랑하는 자는 내게 속하였다." (아가서 6장 3절)

"나는 나의 사랑하는 자에게 속하였구나." (아가서 7장 10절)

세상 사람들은 서로 사랑하며 행복하게 살아가는 잉꼬부부를 금슬이 좋다고 말한다. 이 말속에는 참으로 깊은 뜻이 담겨져 있는데, 한문으로 금(琴)은 거문고를 의미하며, 슬(瑟)은 비파를 의미한다. 이 두 가지 악기는 서로 비슷하지만 완전히 다른 악기이기 때문에, 서로 다른 소리를 낸다. 때문에, 두 악기가 동시에 한가지 소리로 맞추기가 쉽지는 않지만, 만일 화음을 잘 맞추기만 하면, 결코 한가지 악기로는 낼 수가 없는 새롭고 아름다운 소리가 난다는 사실이다.

마치 스케이트 경기를 보면 혼자서 경기하는 모습도 멋이 있지만, 정말 멋있는 것은 두사람이 함께 타는 것인데 그 이유는 아름다운 조화와 다양한 변화 때문인 것이다. 바로 여기에 부부의 신비와 서로 한 마음이 되어야 하는 이유가 있는 것이다.

어느날, 신앙서적에서 감동적인 부부의 사랑에 대한 시를 읽은 적이 있는데, 소개하고 싶다.

"처음부터 부부는 하나였답니다.

서로 다른 각자가 만나 하나가 되어가는 것이 아니라,

처음부터 부부는 하나였습니다.

오랜만에 만난 탓에 조금은 삐그덕 거리며,

짝을 맞춰 나갈 뿐, 부부는 처음부터 하나입니다.

그래서 부부는 날 수가 더해 갈수록,

처음 그 하나 된 모습을 찾아갑니다.

서로 다른 곳으로 갈 수 없고 …

다른 곳을 바라 볼 수 없고 …

다른 마음을 품을 수 없고 …

부부는 처음부터 하나였답니다.

내 사랑 나의 어여쁜 자 존귀한 하나님의 선물!

그 이름이 부부입니다."

9. 고래 사냥과 불꺼진 창

　하나님은 남자와 여자를 창조하실 때 질서 있게 창조하셔서 남자들에게는 세상에 나가서 싸울 용기와 책임을 주셨고, 여자들에게는 가정을 지키며 자녀를 양육할 의무를 주셨다. 그러므로 일반적으로 남자들이 여자들보다 강한 기질을 갖고 있으며, 성공에 대한 집념도 많이 갖고서 태어난다.
　그런데, 세상에서의 성공이라는 것은 어쩌면 넓은 바다에 나아가 고래잡이를 하는 것과 비교할 수 있다. 왜냐하면 넓은 바다 속에는 많은 고기가 살고 있지만 큰 고래를 잡으려면 생명을 잃는 위험도 따르듯이 세상에서의 성공도 결코 쉬운 일이 아니며 큰 성공을 거두려고 하면 할수록 많은 수고와 위험이 따르기 때문이다.

　이 땅의 모든 남자들은 평생 동안 큰 성공이라는 멋진 고래를 사냥하기 위하여 매일 아침 넓은 바다와 같은 세상으로 힘차게 나간다. 그러나 많은 남자들은 평생을 애쓰고 힘써 보지만, 큰 고래는 한 마리도 잡지 못한 채 기껏해야 참치나 고등어 등의 잔챙이만 잡고말기에 실패와 좌절 때문에 고개를 푹 숙인 채 매일 매일을 우울하게 살아가는 것이다. 마치 밤새 고기를 잡았지만, 허탕을 치고 만 베드로처럼 …

　그렇다면 이 많은 우울한 남편들에게 가장 필요한 것은 무엇일까? 많은 돈일까? 많은 말일까? 결코 아니다. 그것은 어쩌면 작은 사랑인지도 모른다. 바로, 아내와 자식들이 따뜻하게 맞아주는 마음인 것이다. 먼 바다에서 고기를 잡느라 며칠을 파도와 싸우다가 빈 그물을 안고서 어둠속에 돌아오는 쓸쓸한 남자들에게 가장 큰 기쁨과 위로는 멀리 보이는 자기의 오두막집에 과연 불이 켜있는가? 아닌가? 에 달려 있다. 집에 불이 밝게 켜져 있으면, 바다에서 겪었던 힘겹던 일들은 쉽게 잊을 수 있으며 그 사랑 때문에 다음 날 아침 또다시 힘을 내어 세상이라는 바다로 힘차게 나갈 수 있게 되는 것이다.

그런데 안타까운 사실은 오늘날 많은 가정에서 여러가지 이유로 사랑의 불이 점점 식어 가거나 꺼져 가고 있다는 것이다. 그러므로 오랫동안 큰 고기를 잡지 못한 이 땅 위의 많은 남자들은 집으로 돌아갈 용기를 잃어 버리게 된다.

결국 이 외로운 남자들이 갈 곳은 불이 꺼져버린 그들의 집이 아니라 쾌락의 불빛이 가득한 술집이거나, 아니면 자기 자신이 아예 〈술취한 고래〉가 되어 그 길고도 외로운 밤을 하얗게 밝히는 것이다.

5장
영광과 고난의 세월에도 함께 하신 하나님

1. 영광스러운 출발

어머니는 1968년부터 여의도순복음교회에 출석하셨다.

어머니가 전도사로 시무하셨기에, 내가 교회에 대하여 듣고 아는 것은 대부분 여의도순복음교회밖에 없었다. 내가 하나님을 뜨겁게 만났던 오산리기도원도 이 교회에서 운영하는 기도원이었고, 고등부 교사로 봉사한 것도 이 교회였기에 자연스럽게 주의 종의 사역도 이 교회에서 충성하는 소원을 갖게 되었다. 교역자가 되기 위하여 시험에 응시하던 해에는 교회의 사정으로 교역자 채용인원이 소수로 제한되어 있었고, 응시자는 상당히 많다는 소문이 돌고 있었기에, 나는 시험 준비에 최선을 다했다.

지금도 기억나지만, 그 때의 시험은 매우 까다로웠다. 설교 시험은 더욱 그랬다. 일반적인 설교시험은 먼저 설교할 내용을 제출한 후, 시험 보는 날 그대로 설교만 하면 된다. 하지만, 시험관이 요구하는 설교의 종류에 따라 그에 맞게 즉석 설교를 해야 됐었다. 즉, 대예배 설교, 심방설교, 사업장설교, 병원 심방설교, 장례식 설교 등등, 각 설교의 분위기에 맞도록 설교를 해야 했다.

시험관이 나에게 어떤 설교를 주문할지, 내 힘으로는 알 수 없는 일이였기에 나는 어떤 경우의 설교일지라도 적용할 수 있는 성경말씀을 한참동안 생각한 뒤, 요한복음 11장 25, 26절의 "예수께서 가라사대, 나는 부활이요, 생명이니, 나를 믿는 자는 죽어도 살겠고, 무릇 살아서 나를 믿는 자는 영원히 죽지 아니하리니, 이것을 네가 믿느냐?"라는 말씀으로 결정했다.

성경시험 준비를 위해서 신구약 문답서를 구입한 뒤, 중요한 내용은 거의 다 외웠고, 하나님의 도우심을 구하기 위하여 시험 전 날부터, 금식을 하면서 시험장에 입장했다.

하나님은 나의 기도를 들어 주셨다.

시험관이 설교하라는 내용이 내가 원했던 대로, 대예배 설교였기 때문이다. 나는 그날, 마치 내가 죽음에서 다시 살아난 나사로인 것처럼 간절하게 예수님을 통한 부활의 생명에 대하여 설교했고, 나는 그때 벌써 교역자 채용시험에 합격한 것을 알 수 있었다. 왜냐하면 설교도중, "믿습니까?"라고 했을 때, 시험 감독으로 오신 목사님과 장로님들이 큰 목소리로 "아멘!"하시며 화답하였기 때문이다.

시험은 합격이었다. 할렐루야! 얼마나 감사한가?

나같이 부족한 사람이 세계최대교회의 전도사가 되었으니… 그런데 재미있는 사실은, 시험이 끝나고, 약 20년 뒤에 우연히 들은 얘기 때문이었다. 원래 교회에서 뽑기로 한 교역자는 세 사람이었는데, 불합격시키기 아까운 네 사람이 있어서 합격자가 일곱명으로 늘어났다는 것이다. 그런데, 내가 꼴찌인 7등으로 합격을 한 것이다. 나는 그날 다시한번 하나님께 깊은 감사를 드렸다. 왜냐하면, 몇등을 했느냐가 중요한 것이 아니라 합격한 것 자체가 나에게는 하나님의 큰 선물이었다.

나는 그때 일만 생각하면, 하나님의 크신 사랑에 감격스럽다. 그토록 치열했던 시험에서 합격한 것은 지난날 나의 쓰라린 삶의 고통과 눈물을, 축복으로 바꿔주신 하나님의 응답이었기 때문이다. 그렇게 시작한 주의 종의 길… 무려 16년 이라는 세월동안 여의도순복음교회에서 근무하며, 많은 훈련과 경험을 쌓았다.

특히 교회가 세계최대 교회였기에 만나는 사람도 많았고, 그 추억과 감동도 매우 클 수밖에 없었다.

처음 교역자로 출근하기 전날, 조금 무리한 탓인지 심한 몸살이 났고 눈까지 쿡쿡 쑤실 정도로 몸이 괴로웠다. 첫 출근하는 날 새벽에 하나님께 간절히 매달려 기도했다.

"주여! 주의 종이 하나님의 일을 시작하는 뜻 깊은 첫날에 이런 연약한 모습으로 나가는 것은 결코 은혜가 되지 않사오니, 종에게 힘을 주옵소서."

얼마나 간절히 기도했는지, 불같은 성령의 은혜가 넘침으로 온 몸에 땀이 흐르더니 바늘로 찌르듯 쑤시던 심한 몸살이 순식간에 사라졌고, 상쾌함을 얻은 나는 1시간 이상이나 성경말씀을 읽은 후 콧노래를 부르며 첫 출근을 하였다.

그리고 전도사 시절이었다.

어느 주일날 구역장님이 성도님 한분을 모시고 안수기도를 받기 위하여 교역자 사무실로 찾아 왔다. 함께 온 새댁은 이제 서른이 갓 넘었는데, 백혈병으로 고통을 겪고 있었다. 안타까운 마음으로 안수기도를 시작했다. 처음 교회를 나온 이 자매님이 안수기도를 간절한 마음으로 받아 들였기 때문에 보통때의 기도시간은 몇분 밖에 되지 않지만, 그날 안수기도는 5분이 넘을 정도로 오래 드려졌다. 그날 그 자매님은 얼마나 하염없이 울던지 …

기도해주던 나의 손바닥은 마치 그녀의 머리 위에 붙어 버린 것 같았다. 그런데 기도가 끝난 뒤에 그 자매는 한마디도 하지 않고 어디론가 가버렸다. 나는 궁금했지만, 다른 성도님들을 기도해 드려야 했기에 그 자매의 일만 생각 할 수는 없었다.

  한 주일 지난 뒤에 그 자매님은 활짝 웃으며 사무실로 다시 찾아왔다. 지난 주일날 갑자기 어디로 갔었는지 물어보았더니, 눈물이 너무 많이 나서 창피한 마음에 그냥 집으로 갔다는 것이었다. 그런데 안수기도를 받은 다음날 치료를 계속 받고 있던 서울대학병원에 갔었는데, 의사선생님이 믿을 수 없을 정도로 백혈병이 호전되었다고 놀라셨다는 것이었다. 자매님은 더욱 간절히 하나님을 의지하게 되었고, 나도 감사한 마음에 더욱 간절히 기도해드렸는데 결국 예수님께서 놀라운 은혜를 주셔서 처음 안수기도 받은지 한달도 되지 않아 깨끗하게 백혈병에서 치료 받고 하나님께 영광을 돌리게 되었다.

  수유리 교구를 맡았을 때 일이다. 한 성도님을 심방하게 되었는데 생활이 매우 어려운 가정 이였다. 예배를 시작하기 전에 "소원이 뭐예요?"라고 질문을 드렸더니 젊은 부인이 이렇게 말했다.
  "아기를 갖는 거에요."
  나는 창세기 18장 11절에서 15절에 있는 아브라함의 아내인 사라의 잉태에 대한 말씀을 전해드린 뒤에 이렇게 말했다.
  "이제 한달 동안 오전 금식하시고, 믿음을 갖고서 간절히 기도하세요."
  그런데 3주가 지나기도 전에 그 지역의 권사님에게서 전화가 왔다.

"목사님, 기도해 주신 자매님이 임신했어요!"

나는 너무나 기뻤는데 그 가정에 다시 심방을 갔더니 이렇게 말하는 것이다.

"목사님이 시키신 대로 오전금식을 하면서 계속 말씀을 묵상하고 기도하고 있었어요. 어느날, 잠이 들었는데 저는 어떤 골목길을 걷고 있었고, 그때 큰 자가용이 지나가다가 내 옆에 서더니 차에서 조용기 목사님이 내리시는 거에요. 조용기 목사님이 저에게 '왜 슬픈 얼굴을 하고 있어요?' 하고 물으셨고, 저는 제 사정을 모두 말씀 드렸어요. 그러자, 조목사님께서는 저를 위해 안수기도를 해 주셨어요. 놀라서 잠에서 깬 후 며칠 뒤에 병원에 가보았더니, 임신이 되었다고 하는 거에요!"

소원대로 자매님은 건강한 아들을 얻게 되었다.

어느 주일에 있었던 일이다.

구역장님이 한 자매님을 인도하고 기도를 받기 위하여 찾아와서는 말했다.

"자매님이 임신했는데요, 아기가 거꾸로 앉아 있어서 위험하다고 합니다. 뱃속에 아기가 똑바로 앉도록 기도 좀 해 주세요!"

나는 목사이기 때문에 의학적인 내용은 잘 모르지만, 간절히 기도를 드렸다. 그런데 나는 놀랍게도 기도 중에 나도 모르는 말을 하고 있었다.

"주여! 주님은 살아 계시오니 우리의 기도를 들어 주옵소서! 산모에게 믿음을 주시고 염려를 주님이 맡아 주옵소서. 먼저 엄마의 믿음이 똑바로 서게 하시고, 그리고 아기도 똑바로 서게 하옵소서!"

그런데, 기도가 끝난 뒤 산모는 아멘으로 화답했고 무엇이 우스운지 자꾸만 나를 보며 웃었다. 그런데 며칠 뒤에 구역장님에게서 반가운 전화가 왔다.

"목사님! 그 자매님 아기가 똑바로 앉게 되어서 건강한 아기를 순산 했어요! 감사합니다!"

우이동 교구를 맡았을 때의 일이다. 70세 넘으신 노모님이 돌아가실 것 같으니, 임종예배를 드려 달라는 부탁을 받았다. 그런데 막상 찾아뵙고 예배를 드리다 보니, 돌아가실 것 같지 않았다. 비록 몸은 불편하셔서 누워 계셨지만 그 집사님이 하나님의 말씀을 영혼으로 사모하시며, 내가 하나님의 말씀을 전할 때마다 아멘으로 받아 들이셨기 때문이다. 말씀을 전한 뒤, 그날 모인 여러 믿음의 식구들이 간절히 합심기도를 드렸고 내가 마무리 기도를 하였다.

"주여! 귀한 노모님이 병석에서도 하나님의 말씀을 믿음으로 받아들이셨습니다. 주여. 그 믿음을 보시고, 은총을 내리셔서 영혼에 하나님의 생기를 불어 넣어 주시고, 육체에는 독수리 같은 새 힘을 주셔서 오늘 벌떡 일어나게 하옵소서!"

그런데 잠시 후 놀라운 일이 일어났다. 임종예배를 드린 노모님이 조금씩 움직이기 시작하더니, 결국 일어 나서서 그 자리에 앉으시는 것이 아닌가? 그 자리에 있던 많은 사람들이 놀라서 하나님께 영광을 돌렸고, 특별히 그 모습을 두 눈으로 목격한 사위가 자신의 불신앙을 회개하고 예수님을 영접했다. 그 사위는 지금 순복음교단의 목사가 되어 훌륭하게 하나님의 일을 감당하고 있다.

2. 복된 땅에 하나님의 영광을

여의도순복음교회에서 근무할 때에 맡았던 교구나 부서가 바뀌면, 내가 가장 먼저 했던 일은, 교구와 지역에 맞는 표어를 기도하면서 결정한 뒤에, 그곳을 떠날 때까지 계속해서 성도들과 함께

여의도순복음 교회 대성전에서의 설교

입술로 고백하고 선포하는 것이었다.

　처음 맡았던 영천교구의 경우엔 성도님들의 믿음은 좋았지만, 생활이 어려운 가정이 많았기 때문에, 소망과 기쁨을 드리기 위한 표어로, 〈꽃피는 영천, 열매 맺는 영천〉으로 정했고, 수유리와 우이동 교구에서는 서로 생활 수준이 다르고, 성도의 숫자가 적었으므로 연합과 충성이 필요했기에, 〈사람을 찾습니다, 함께 일할 사람을, 함께 기도할 사람을, 함께 충성할 사람을…〉로 정했다. 이 표어를 생각할 때마다, 잊을 수 없는 기억이 있다. 교구를 새로 맡은 지 약 2주정도 지났을 무렵, 교구 사무실에서 성도님들을 기도해 드리는데, 한 연세가 많으신 집사님께서 갑자기 "목사님! 어느 집사님이 아이를 잃어버리셨어요?!"라고 질문을 하시는 것 이였다. 그 집사님은 내가 "일군"을 찾는다는 내용의 표어를, 잃어버린 어린아이를 찾는 줄로 오해하신 것이었다.

　표어를 정할 때, 가장 어려웠던 지역은 바로, 여의도순복음교회와 국회의사당이 있는 여의도지역의 대교구장이 되었을 때였다. 이곳에 사는 대부분의 성도님들은, 많은 복을 받으신 분들이었다. 때문에, 〈복 받읍시다!〉라는 표어는 큰 감동이 되지 않았다.

　그러던 어느 날, 기도하는데 하나님께서 마음에 이런 감동을 주셨다.

　"그 사람들은 이미 많은 복을 받았으니, 이젠 감사하며 충성하라고 하면 되지 않겠느냐?"

그 감동으로 즉시 〈복된 땅에서 하나님의 영광을!〉이라는 뜻 깊은 표어가 만들어 졌다.

그 당시, 내 마음에는 종종 이러한 생각이 들었다.
"어떻게 나같이 부족한 사람이 우리나라의 서울 중에서도, 마치 심장부와 같이 중요한 곳인 여의도 지역을 두 번씩 이나 맡아서 4년 가까운 긴 시간을 주님의 종으로써 일할 수 있었을까?"
그때 하나님께서는 말씀하셨다.
"네가 부족한 것은 잘 안다. 그러나, 너에게는 남과 다른 귀한 것이 하나 있다."
나는 하나님께 "그것이 무엇입니까?"라고 질문하였는데, 주님은 매우 짧고 분명하게 말씀을 해 주셨다.
"그것은 바로, 나를 경외하는 마음이니라!"
그 경외하는 믿음 때문이였을까? 하나님께서는 나에게 정말 큰 은혜를 허락하셨다.

소교구장, 오산리기도원 강사, 고등부 담임목사, 여의도 대교구장, 은평 대교구장, 서대문 대교구장, 엘림 성전 담임목사, 여의도 직할성전 담임목사… 때로는 가난한 지역에서, 때로는 중산층 지역에서, 때로는 부유한 지역에서 다양한 성도님들을 모시고 목회하는 경험을 통하여 하나님께서는 나에게 폭 넓고 다양한 훈련을 허락하셨다. 뿐만 아니라, 세계적인 주님의 종, 조용기 목사님의 목회모습을 가까이에서 보면서 많은 것을 배울 수 있었다. 내일을 향한 꿈과 비젼, 놀라운 성령의 역사와 은사, 뜨거운 선교의 열정…탁월한 리더쉽까지…

3. 엘림성전 개척이야기

여의도 순복음 교회에서 운영하는 사회복지기관인 엘림복지타운이 있다. 무의탁 노인 100여분을 모시는 일과, 불우한 청소년들에게 기술을 가르쳐서, 사회에 진출할 수 있도록 도와주는 선한 일을 하는 곳이었다. 그 위치는, 경기도 안양과 군포 사이에 있는 산본 신도시에 위치하고 있었다.

아파트 단지들이 개발되고 입주하게 되자, 서울 근교에 살고 있던 여의도순복음교회 성도님들이 100여명 이사오게 되었고, 교회 설립의 필요성은 절실하게 되었다.

나는 1993년초 갑자기 그곳으로 발령 받을 때까지도, 이러한 사실을 전혀 몰랐기에 "연약한 몸으로 10년을 본 교회에서 충성했으니, 하나님께서 잠시 쉬면서 건강을 회복하라고 복지타운으로 보내시는구나…"라고 생각 했다.

그러나 발령 받고, 약 일주일 후, 엘림복지타운 주위를 자세히 둘러보니, 대규모 아파트 건설 사업이 본격적으로 추진되고 있었다. 이미, 일부는 입주되고 있었으며, 한창 공사도 진행 중이었다.

그러므로, 대략 1~2년 내로 정말 많은 성도님들이, 마치 연어 떼처럼 몰려올 것이 눈에 보였기에, 긴급한 대책과 계획이 필요한 상황이었다.

나는 100여명의 성도님들을 모은 뒤에, 엘림복지타운이 '엘림성전'으로 새롭게 시작함과 그 비전에 대하여 설명하고 기도를 부탁한 뒤, 교회의 필수 조직인 남, 여 선교회를 세우고, 교구는 조와 구역을 만들어 조직을 새롭게 만들었다.

전 성도가 예배의 열심과 기도의 간절함을 통하여 우리 자신이 은혜를 먼저 받아야 함을 강조하고, 한 영혼 구원의 소중함과, 그에 따른 전도의 필수성에 대하여 많은 이야기를 나눴다. 또한, 1000성도 출석 목표를 세운 뒤, 전 성도가 한 마음이 되어 집중적으로 기도했다.

나는 개인적으로 기도 목표를 세우고, "주여 3년 안으로, 이곳에 있는 넓은 운동장이 예배를 드리러 온 성도들의 주차장이 되게 하옵소서."라고 간절히 기도했는데 놀랍게도, 1년 만에 1천 성도의 출석목표가 이루어졌다. 그리고 주님께서는 3년 만에, 나의 간절한 기도대로 엘림복지타운 내의 그 넓은 운동장이, 예배 때마다, 성도들의 자동차로 가득 차는 축복과, 놀라운 부흥으로 응답하셨다.

그러나 세상일이 모두 그렇듯이 많은 전도의 열매와 교회부흥의 기쁨은 결코 우연히 다가온 것은 아니었다. 그것은 주님의 교회를 세우기 위하여 죽도록 충성했던 초창기 100여명 성도님들의 피땀과 눈물이 있었기 때문이었다. 그들은 여름휴가도 포기한 채 그 무더운 날씨에 라면을 끓여 먹으면서 복음을 전파했고 때때로 다가오는 시련의 바람 속에서도 결코 흔들림 없이 묵묵히 헌신하였다. 그뿐만 아니라, 엘림복지 타운의 강당을 하나님의 성전으로 바꾸는 큰 공사에서 물심양면의 아낌없는 헌신을 드렸다.

이제는 흘러간 시간속의 기억들 … 그러나 하나님은 그들의 모습을 보셨고 충성을 기억하신다. 그러므로 반드시 풍성한 축복으로 갚아 주실 것을 나는 확신한다.

4. 관주성경과 보물찾기

관주 성경을 처음 접한 것은 매우 오래전의 일이다. 기도원에서 하나님을 뜨겁게 만난 뒤, 주의 종의 삶을 살기로 작정하고 가장 먼저 다짐한 것은 하나님의 뜻과 진리를 분명하게 깨닫는 것이었다. 그러므로, 여러 권의 성경책이 집에 있었지만, 나는 〈나의 성경책〉을 따로 구입하기로 마음을 굳혔고 마치, 귀한 보물을 사듯이 서울 종로서적에서 금박으로 빛나는 관주성경을 내 평생 처음으로 구입했다.

처음에는 관주성경의 그 의미와 필요성을 몰랐기에 관주에는 거의 신경을 쓰지 못한 채, 성경말씀 자체를 읽고 이해하는 일에만 최선을 다했다. 하지만, 신학교에 다닐 때, 집중적으로 성경을 읽다가 해석이 어려운 성경구절을 만날 때면, 고민하던 중, 하나님의 은혜로 성경말씀 바로 옆에 마치 암호 같이 적혀 있는 깨알같이 작게 적힌 글씨들을 발견하게 되었다.

ㄱ.ㄴ.ㄷ.ㄹ.ㅁ.ㅂ.ㅅ… ㅏ.ㅑ.ㅓ.ㅕ.ㅗ.ㅛ…

이러한 낱말들의 관련된 말씀을 찾아가다보니, 성경말씀 윗부분에 참고가 되는 성경구절이 적혀있는 것을 발견하게 되었는데, 그 글씨 중에는 또 다시 암호같이 알쏭달쏭한 기호들이 기록되어 있었다.

卄 卅 … 비, 보, 인

이 기호들이 무엇을 의미하는지 처음에는 분명히 알지 못했지만, 하나님께서는 나에게 깨달음을 주셨다. 〈卄〉은 20을 의미하며, 〈卅〉은 30을 의미하고 〈비〉는 비교할 것, 〈보〉는 보라, 〈인〉은 인용했다라는 의미이다.

처음에 성경을 읽다가 이해가 안되는 어려운 구절을 발견했을 때는, 먼저 기도하고 묵상하며 하나님의 뜻을 찾았지만, 그래도 해석이 분명치 않을 때에는 주석을 참고하기도 했다. 그러나 여러 종류의 주석들도, 결국엔 사람의 해석과 의견을 기록한 책이기에, 서로 생각과 견해에 차이가 있다는 사실을 깨달은 후로는, 더욱 더 성경을 성경으로 풀어가는 관주 성경을 사랑하게 되었다.

그 뿐만 아니라 더욱 깊이 있고, 은혜롭고, 다양한 주제의 설교를 만들기 위하여 본격적으로 관주성경을 묵상하고 연구하게 되었고 그 수고의 열매로 주의 종으로서 30년이 되어가는 지금까지 힘차게 사역을 감당하고 있다.

관주성경의 유익과 기쁨은, 아무리 강조해도 지나치지 않을 정도이다. 나의 경험으로 보면, 그 유익은 크게 세 가지가 있다.

첫째로, 관주성경의 특징은, 성경말씀의 깊은 의미를 성경말씀 자체로 찾아가는 것이기 때문에, 성경을 해석할 때 인간의 생각으로 판단하는 위험한 잘못에서 지켜줄 뿐만 아니라, 하나님의 뜻에 가장 가까운 해석을 할 수 있도록 인도해 준다.

둘째로, 참고 되는 말씀들을 찾다보면 때로는 숨겨져 있는 보석 같은 말씀들을 발견하게 되는데 그 때의 기쁨은 말로 표현할 수가 없다. 이것이 바로 하나님을 사랑하는 자에게 다가오는 영적인 보너스인 것이다.

셋째로, 성경을 여기 저기 부분적으로만 보는 좋지 않은 폐단을 버리게 되고 성경을 전체적으로 볼 수 있는 눈을 환하게 열어 준다. 특별히 구약성경과 신약성경을 별도의 책으로 여기는 습관이 없어지고, 성경 전체는 한권의 책으로 해석하는 습관을 갖게 된다. 구약성경의 관주를 찾다보면, 자연히 신약성경의 말씀을 살펴

보게 되고, 신약성경의 관주를 찾다보면, 구약 성경의 많은 말씀을 더 많이 살펴보게 되기 때문이다.

관주 성경의 관(貫)은 영어로는 pierce로써, 그 뜻은 '꿴다', '뚫는다'는 의미이며, 주(珠)는 영어로 pearl 로써, 그 뜻은 구슬과 진주를 의미하는데, 하나님이 주신 하늘의 보석인 성경말씀을 서로 꿰어주고 엮어주는 비결이라는 의미가 된다.

예수 믿는 것은 과연 무엇인가? 내가 좋아하는 여러가지 표현중의 하나는 〈보물찾기〉이다. 야외 예배를 나가면, 보물찾기 시간을 갖는다. 신기한 것은 어떤 성도는 많은 보물을 찾고 기뻐하는데, 어떤 성도는 한개도 찾지 못할 때가 있다. 결국 보물찾기의 핵심은 열심히 돌아다니는 것이 아니라 보물이 숨겨 있을만한 곳을 발견하는 지혜에 있는 것이다.

나는 지금도 다시 한번 주님께 감사드린다. 이 부족한 종에게 일찍부터 관주성경을 가까이 하게 하시고, 많은 말씀들을 깨닫게 하신 큰 은혜 주심을 … 물론 이 작업이 때로는 외롭고 힘들 때도 있다. 나이가 들면서 시력이 약해지니 더욱 더 그렇다. 그러나, 보물을 캐낸 뒤의 활짝 웃는 큰 기쁨이 있기에, 나는 오늘도 관주 성경을 읽는 복된 일을 멈추지 못하고 있다.

5. 고난은 축복의 통로입니다

하나님은 만복의 근원이 되신다. 그러므로, 당연히 모든 하나님의 자녀들을 사랑하시고 복을 주시기 원하신다. 그러나 하나님께서는 축복을 주시기 전에 먼저 적당한 고난을 겪게 하신다.

그 이유는 무엇일까?

한마디로 축복을 담을 수 있는 그릇을 만들기 위함이다. 더욱 겸손하게 하기 위하여, 더욱 담대하게 하기 위하여, 더욱 하나님만을 의지하고, 더욱 감사하게 하기 위하여 …

아브라함도 이 길을 걸었고, 이삭도 이 길을 걸었으며, 야곱도 걸었고, 요셉도 걸었다. 바로 고난이 영광으로 바뀌는 십자가의 영광의 길을.

성경을 보면, 고통과 영광은 결코 별개의 것이 아니라 서로 밀접하게 연관되어 있음을 강조하고 있다. 눈물로 씨를 뿌리면 기쁨으로 단을 거두게 되고, 광야를 통과하면 약속의 땅에 들어가고, 사망의 골짜기를 통과해야 잔이 넘치는 축복을 누리게 되는 것이다.

나는 여의도 순복음교회에서 주의 종으로 근무하면서 하나님께 많은 은혜와 축복을 받았다. 그러나, 하나님께서는 때때로 필요할 때마다 나에게 고통과 연단을 허락하셔서 나를 엎드리게 하셨다. 물론 그때에는 고통이 힘겹기도 했지만, 돌이켜 보면 그 고통의 시간들이 바로 축복의 통로였다.

오래전 내가 여의도순복음교회의 대교구장으로 있을 때, 한 여전도사와 안수집사의 사이에 미묘한 일이 생겼다. 나는 이일을 수습할 책임이 있기 때문에 나름대로 많이 애썼지만, 일 자체가 조금 얄궂은 일이기에 상황은 점점 어려워졌다. 결국 나는 이 일에 책임을 지게 되었고, 본 교회를 떠나서 오산리기도원에서 근무하게 되었다.

그 당시 기도원의 근무는 본 교회와는 달리, 매일 자기가 맡은 상담과 기도원 설교만 끝나면 나머지 시간은 자유였다. 토요일에만 외출이 가능했고 그곳에서의 생활은 비교적 시간 여유가 있었다. 이제 기도원에서 최소한 몇 개월은 근무할 것 같은데, 그 귀한 시간을 어떻게 보낼 것인가 생각하게 되었다. 결국 평소에 심방 때문에 바빠서 읽지 못했던 성경책을 집중적으로 읽기로 작정했다.
그런데 과연 어느 부분을 읽을 것인가?
나는 신약성경을 깊이 묵상하기로 결정했다. 평소처럼 성경을 읽기 전에 주님께 기도하면서 지혜와 은총을 구하는데, 내 생각과는 다르게 하나님께서 자꾸만 내 마음에 이런 감동을 주셨다.
"너는 신약성경은 많이 알고 있지 않느냐? 그러므로 이번 기회에 구약 성경을 읽어라."
이 감동이 계속되므로, 나는 하나님의 인도하심을 분명히 받기 위하여 더욱 기도하게 되었다.
"주여! 그럼, 구약성경을 읽겠습니다. 그런데 구약성경은 신약보다 3배나 분량이 많은데 과연 어느 부분을 읽어야 하겠습니까?"

그때, 하나님은 내 마음에 다시 감동을 주셨다.

"성경의 뿌리인 시작 부분을 읽어라. 시작을 알아야 끝을 알 수 있고, 뿌리를 알아야 열매를 맺을 수 있기 때문이다."

나는 순종하여 모세오경인 창세기, 출애굽기, 레위기, 민수기, 신명기 5권을 집중적으로 읽기 시작했다. 분명한 이해를 돕기 위하여 주석을 옆에 놓고, 말씀을 깊이 묵상하면서, 때론 노트에 적으며 하나님 앞에 온전히 서기에 힘썼다. 지금도 그 때를 회상하면, 주님이 베풀어 주신 은혜가 한없이 감사하다. 성경을 읽으면서 어떤 때는 깊은 깨달음에 무릎을 치며 감동했고, 어떤 때는 눈물을 흘리며 간절히 회개했고, 어떤 때는 영혼 깊은 곳에서 솟아나는 깊은 감사를 드렸고, 어떤 때는 생명을 다하여 충성할 것을 다짐했던 시간도 있었다.

기도원에서 근무했던 약 7개월의 시간동안 모세오경을 통하여 받은 은혜는 내 모든 설교의 뿌리가 되었고, 그때의 집중적인 연구를 통하여 나의 설교는 깊어질 수 있었으며, 믿음의 눈도 크게 열리게 되었다. 나의 생애에서 결코 없어서는 안될 귀한 시간이 되었다.

6. 떠날때는 말없이 …

나는 여의도 순복음 교회를 떠날 생각은 없었다.

거기에는 몇 가지 이유가 있었다. 건강이 다른 목사님들과 달랐기에, 교회개척이 조금 부담이 되기도 했고 조용기 목사님의 목회방향과 설교에 만족하고 있었기 때문에 새롭게 모든 것을 시작하는 모험은 피하고 싶었다.

조용기 목사님과 함께

그러나 〈나의 생각〉과 〈하나님의 생각〉은 전혀 달랐다.

어느 날 갑자기, 이 문제를 고민하고 결정해야 할 시간이 내 앞에 다가왔기 때문이다. 교회가 크면 당연히 은혜도 넘치지만, 그만큼 개성이 강한 제직이나 성도도 많기 때문에 어떤 일이 꼬이기 시작하면, 그 결과는 큰 충격으로 나타날 때가 많다.

더욱이 어떤 일들은 매우 얄궂어서, 설명하고 설득해도 문제 해결에 도움이 되지 않는 일들이 있다. 이때 주의 종으로써 가장 중요한 것은 그 소용돌이 속에서 살아 나려고, 지나치게 몸부림치거나 변명하며 책임을 전가 하는 것이 아니라, 그 소용돌이에 그대로 몸을 맡긴 채 예수님만 바라보며 기도하는 일이다.

그런데 나에게도 그러한 힘겨운 일이 닥쳐왔다.

그날은 1998년 12월 31일, 한 해 동안 베풀어 주신 하나님의 은혜를 감사하며, 설레이는 마음으로 새해를 준비하는 날이다. 그날 나는 새벽예배를 인도한 뒤, 오랜만에 가족과 함께 밖에서 점심식사를 하던 중이었다. 그때 갑자기 부목사님에게서 전화가 걸려왔다. 별로 느낌이 좋지 않기에 무슨 일인가 물어봤더니, 조금 어려운 일이 생겼는데 자세한 얘기는 송구영신예배 전에 교회에서 만나서 나누자는 것이었다. 너무나 갑작스러운 상황이었다.

한해의 마지막 날을 보내는 소중한 시간에 전화가 오다니 … 이미 여의도 순복음교회 전체 교역자를 대표하여 지성전 목사와 국장 목사들이 수안보에서 1박2일로 머물며 1999년 새로운 한해를 위한 회의를 마쳤고, 조용기 목사님께 새해 취임인사까지 드렸는데, 이제 와서 무슨 일이 생겼단 말인가? 무슨 영문인지 알 수는 없었지만, 이런 갑작스러운 상황은 대부분 즐거운 일이 아닌 경우가 많다.

대형교회에서 소신 있게 일을 하다 보면, 때로는 자기의 뜻과 맞지 않는다고 불만을 갖는 사람들이 있어서 어려움을 겪게 되는데, 몇 년 전에도 이런 시련을 겪을 때, 나는 아내에게 분명히 이렇게 말을 했었다.

"만일 이번 일처럼 주의 종으로써 견디기 어려운, 무리한 일이 세 번만 나에게 다가오면, 나는 그날 미련 없이 여의도순복음 교회를 떠날 것이다."

그런데 바로 그날이 이제 나에게 다가온 것이다.

나는 그날 서둘러 집에 도착 한 뒤, "여의도순복음교회에 내가 계속 남아 있어야 하는가? 아니면 떠나야 하는가?"를 결정짓기 위하여 간절히 주님께 기도드렸다.

"주님! 왜? 하필이면 이런 일이 새털같이 많은 날 중에서 12월 31일에 일어납니까?"

주님은 말씀하셨다.

"내일, 곧 새해부터 새롭게 출발하라는 뜻이다."

"주님! 저는 개척준비가 전혀 되어 있지 않았는데요"

주님은 말씀하셨다.

"아니다. 너는 준비가 되었느니라. 잘 생각해 보아라!"

그 말씀이 무슨 말씀인지 한참을 생각해 보았더니, 그동안 나에게 몇 가지 영적으로 준비된 중요한 것들이 있었다.

오산리 기도원에서 하나님을 만난 간증, 관주 성경을 20년 이상 연구, 모세오경의 집중연구, 엘림성전에서의 개척경험, 여의도 순복음 교회에서 16년 동안에 겪은 다양한 훈련들 …

나는 다시 주님께 기도 드렸다.

"주님 저는 큰 교회에 있었기 때문에, 작은 교회인 개척교회를 어떻게 시작하고 운영하는지 전혀 모르고 있는데요?"

그때 주님께서 알려주셨다.

"의사는 큰 종합병원에서 근무하거나, 개인병원을 시작하거나,

시골에서 진료를 하거나, 규모와 환경은 달라도 일 자체는 언제나 같은 것이다. 세상에는 병든 사람이 많기 때문에 의사의 일은 어느 곳이던지 늘 귀한 것이다. 여의도순복음교회는 큰 교회이지만, 세상에는 중형교회도 많고 개척교회도 많다. 주의 종은 영적인 의사이다. 교회의 크기와 지역은 달라도 세상에는 문제와 고통으로 삶이 병든 사람이 많기 때문에 주의 종이 하는 일은 늘 변함이 없다. 네가 어디로 가든지 걱정할 필요는 없다."

주님께서 주신 위로의 말씀을 듣고 나의 마음에는 큰 평안이 찾아왔다. 그렇지만, 다시 한번 여의도순복음 교회에 남아 있을 것인가 아니면, 개척할 것인가를 결정하기 위해 A4용지 한 장을 준비하고, 여의도순복음교회에 계속 남아있을 때의 유익과 고통 … 그리고 개척교회를 시작 할 때의 유익과 고통을 솔직하게 써 놓은 뒤, 냉정하게 비교하고 나서 결정하기로 했다.

지금은 그때 어떤 내용을 썼는지 모두 기억이 나지는 않지만, 중요한 몇 가지는 뚜렷하게 기억이 난다.
"성경을 읽고 묵상할 시간은 어느 쪽에 많은가?"
"자녀의 앞날에 어느 쪽이 유익할까?"
"내 꿈인 부흥회 인도를 위해서는 과연 어떻게 하는 것이 좋을까?"
"조금 더 자유롭고 소신 있는 목회는 과연 어느 쪽일까?"

그날 오후, 6시간동안 간절히 기도한 뒤 나의 마음은 분명하게 결정되었다. 비록 고생은 될지라도, 개척교회를 시작하며 새로운 꿈을 향하여 출발하기로 결심한 것이다.

그날 저녁 부목사님을 만나서, 사표를 제출했고 … 그렇게 그렇게 나는 너무도 갑자기 … 〈나의 어머니같은 교회〉인 여의도순복음교회를 떠나야 했다.

그런데 내가 주님께 기도드린 후 교회를 떠나는 일은 결정되었지만, 갑작스럽게 한마디 말도 없이 담임목사가 떠나고 나면 내가 맡고 있었던 여의도직할성전의 성도님들이 궁금해 할 것은 분명한데 어떻게 하는 것이 가장 은혜스럽게 떠나는 것인가를 주님께 묻지 않을 수 없었다. 그때 주님께서 내 마음에 이런 말씀을 주셨다.

"갑작스러운 일이기에 마음이 아프기도 하고, 억울하기도 하겠지만 네가 이 상황에서 가장 은혜스럽게 할 수 있는 일은 바로 …. 아무말도 하지 않고 조용히 떠나는 것이다."

그래서 나는 굳세게 마음을 먹은 후, 나를 위해서 많은 기도와 사랑을 베풀어주신 권사님들뿐만 아니라 성도님들의 전화도 아예 받지 않기 위하여 집에 있는 전화기 코드를 한달 이상 뽑아 버렸다.

만일 성도님들이 무슨 일이냐고 물어 보면 나도 나의 할 말을 하게 될 것이고, 결국 예수님의 영광을 가리게 되므로 주님의 몸된 교회에 상처를 입힐것 같기에 차라리 내가 묵묵히 십자가를 지기로 한 것이다.

그 어려웠던 시절에 내가 생명같이 붙잡았던 말씀이 바로 내가 성경에서 가장 좋아하는 말씀인 이사야서 55장 8절~9절이다.

"여호와의 말씀에 내 생각은 너희 생각과 다르며 내 길은 너희 길과 달라서, 하늘이 땅 보다 높음같이 내길은 너희 길 보다 높으며, 내 생각은 너희 생각보다 높으니라."

7. 겨울 낚시터와 창립예배

이제 1999년 1월 1일 새 아침은 밝아왔다. 그리고 며칠 후 첫 번째 주일이 왔다. 다른 때 같으면, 한해에 대한 큰 소망을 안고서 교회에서 성도들과 함께 기쁨을 나눴겠지만 나는 더이상 여의도 순복음 교회에 나가서 예배를 드릴 수 없게 되었다. 나는 용기를 내어 특별예배를 드리기로 했다. 때때로 시간이 있을 때면 찾아가서, 고기 잡는 것을 구경하던 집근처의 낚시터를 찾아가 아내와 함께 자동차안에서 예배드리기로 한 것이다.

그때가 1월 초라 무척 추운 날씨였지만 마음을 집중하기 위하여 자동차의 시동을 껐다. 뜨거운 찬양을 부르고 말씀을 담대히 선포한 뒤, 한참동안 간절하게 기도하는 시간을 가졌는데, 두 사람이 얼마나 간절히 기도했는지 그 추운 날씨에도 불구하고 온몸에 땀이 맺힐 정도였다.

예배가 끝난 뒤에 나는 엄숙하게 다음과 같이 선포했다.

"이제 오늘 날짜로 교회를 창립합니다!"

그리고 다시 한번 내가 간절하게 기도했다. 우리 가정과 종의 앞날을 주님께서 불기둥, 구름기둥으로 지켜 달라고 …

지금 그때의 모습을 돌이켜 보면, 참으로 마음이 뭉클하다. 그리고, 그 당시에 생명을 다하여 하나님을 바라보고 의지하던 그 믿음이 주님 오시는 그날까지 결코 변치 않고 계속되기를 간절히 소원해 본다.

6장
작은교회를 시작하게 하신 하나님

1. 십자교회라는 이름의 유래

이제 교회개척은 결정되었다.

그러나 이일은 갑작스럽게 결정된 것이었기 때문에, 무엇을 어떻게 해야 할지 사실 막막했다. 그뿐만 아니라 여의도순복음교회에서 16년 동안 쉬지 않고 최선을 다해 달려 왔기에, 많이 지쳐 있었고 당분간 아무것도 하지 않고 쉬고만 싶었다. 답답한 마음을 달래기 위하여 아내와 함께 예술의 전당에 다녀 오기로 했다.

봉천동에서 사당동으로 넘어가는 언덕이었는데 토요일이라 그런지, 차가 몹시 막혔다. 한참을 기다리는 도중에 나도 모르게 찬양을 부르게 되었다.

"예수 나를 위하여 십자가를 질때 …

세상 죄를 지시고 고초 당하셨네 …"

그날따라 십자가의 의미는 나의 현실과 묘하게 일치하며, 큰 감동으로 밀려왔고 나는 갑자기 목이 메어서 찬송을 부를 수가 없었다.

그때 문득 이런 생각이 들었다.

"교회이름을 십자교회라고 부르면 어떨까?"

정말 십자교회라는 이름은 듣기에도 묵직한데다가, 흔하지 않아서 많은 호감이 갔다. 그러나 나는 곧 그 생각을 포기하기로 했다. 왜냐하면, 나는 평소에도 많은 것을 양보하며 사는 스타일이고 여의도순복음교회에서 긴 시간을 충성한 것만으로도 충분히 십자가를 진 것이라고 생각하고 있었는데 또다시 십자가를 질 생각하니, 너무 힘들게 느껴졌기 때문이다.

바로 그때, 내 마음속에 주님의 음성이 들려 왔다.

"십자가는 네가 지는 것이 아니라, 내가 지는 것이다. 그러므로, 너는 십자가를 붙잡고만 있어라. 그러면, 내가 너를 도와줄 것이니 너는 앞을 보고 걷기만 해라!"

그 순간, 나는 감사하는 마음으로 즉시 그 자리에서 고백했다.

"주님, 알겠습니다."

그날 찬송을 부르다가 〈십자교회〉라는 참으로 멋지고 특이한 이름의 교회가 이 땅 위에 탄생하게 된 것이다.

십자교회가 세워질 때에 아마 우리나라에 십자교회라는 이름을 가진 교회가 없었던 것으로 안다. 그러나 국민일보에 우리교회 광고가 몇 번 나온 뒤에 비슷한 이름의 교회와 기도원이 세워진 것으로 안다. 교회 이름이 결정 되었을 때, 우리를 위하여 기도를 해 주시던 분들의 반응은 다양했다.
"어떻게 그런 멋진 이름을 생각할 수가 있었어요?"
"목사님, 교회이름이 조금 이단 같아요."
그러나 나는 개척한지 십 수년이 지났지만, 단 한번도 십자교회라는 이름을 후회한 일이 없다. 그 빛나는 이름은 결코 내가 원해서 지은 것이 아니라, 주님의 분명한 감동으로 만들어졌기 때문에…

2. 마음이 청결한자는 복이 있나니

교회이름을 결정하고 난 뒤에 이제 중요한 것은 어디에 교회를 세워야 하는가에 대한 장소 문제였다. 평소에 나 자신의 육신적 연약함으로 직접 운전하며 많은 곳을 다녀보지 못했기에, 전국 지도를 펴놓고 몇 번을 생각해도 조금은 막연했다.

교회개척에서 매우 중요한 것은 장소라는 이야기를 주위에서 많이 들었고, 하나님이 감동하시는 장소로 가고 싶었기 때문에 전국 지도를 펼쳐 놓고서 금식하며 기도하기 시작했다.

어느 날 아침, 기도하는데 주님께서 놀랍게 역사하셨다.
나는 아침에 일어나면 늘 기도하면서 예수님의 귀한 말씀 중 산상보훈의 8복을 암송하는 습관이 있다.
"심령이 가난한 자는 복이 있나니.. 천국이 저희 것임이요"
그런데 그날따라 이상하게도 6번째 복까지는 평소처럼 잘 외웠는데, 7번째 복이 계속해서 생각나지 않았다. 나는 계속 6번째 복만 반복하면서 외울 수 밖에 없었다.
"마음이 청결한 자는 복이 있나니,
저희가 하나님을 볼 것임이요 …"

몇 번을 반복해서 이 말씀을 암송했을까?
약 30분쯤 지났을 때 문득 이런 생각이 들었다.
"이 말씀 속에 어떤 하나님의 뜻이 계신 것은 아닐까? 만일 있다면 과연 그것은 무엇일까?"
그때부터 그 말씀을 깊이 묵상하고 생각하기 시작했다. 하나님을 본다는 것은, 하나님의 축복과 영광을 인간이 덧입는 것을 의미하는데 그렇다면 교회의 개척과 성공도, 하나님의 얼굴을 뵐 수만 있다면 가능한 것이 아닌가?

그런데 그날 아침에 나의 마음을 감동시킨 말씀은 바로 '저희'라는 단어였다. 이 단어는 분명히 단수가 아니라 복수다. 그러면, 하나님께서 어딘가의 장소에 마음이 청결한 사람들을 여러 사람 숨겨 놓으셨다는 말씀인데, 내가 그들을 찾고 만난 뒤 그들과 함께 십자가 앞으로 나아가면, 하나님을 뵙는 영광도 얻을 것이요 교회개척도 성공하게 될 것이다.

그때부터는 '과연 마음이 청결한 사람이 사는 곳이 과연 어디인가?'를 계속 생각하기 시작했는데, 전국의 많은 도시 중에서 금방 내 마음에 떠오르는 도시가 없었다. 집중하면서 골똘히 생각했다.

"마음이 청결한 사람이 사는 곳이 어디지? 청결한 사람들이 사는 곳이 …"

한참을 생각하고 있는데, 갑자기 '청주'가 생각이 났다.

그 즉시, 기도를 마친 후에 전국 지도를 들고 고속도로를 따라서 난생 처음으로 청주에 가게 되었다.

그때까지만 해도 아는 사람 중에 청주가 고향인 사람이 한사람도 없었기 때문에 청주에 대해서 내가 아는것은 거의 없었다. 다만, 대전 근처에 있으며 교육도시라는 정도만 들은 기억이 있다.

청주에 처음 가던 그 날, 시원하게 뻗은 가로수 길은 아름다웠고 청주 전역을 자동차로 한바퀴 돌아본 느낌은 깨끗하고 편안했다. 그 당시 고등학교 3학년과 중학교 3학년이던 아들, 딸의 교육을 위해서도 청주가 마음에 들었다. 때마침 새로운 아파트들이 많이 건설되고 있었는데 이 사실도 교회 부흥을 위해서는 매우 중요한 하나의 좋은 조건이었다.

나는 그날 저녁에 아내와 식사를 하면서 단도직입적으로 내 뜻을 이야기했다.

"청주에서 교회를 세웁시다!"

놀랍게도 아내 즉시 "아멘." 하였고, 하나님이 너무나 사랑하는 〈청주 순복음 십자교회〉가 드디어 복된 땅 청주에 세워지게 된 것이다.

청주에 처음 내려갔던 날 밤에 나는 50년 살던 서울을 떠나서 청주에 살기로 결정을 했다.

나는 이것을 때때로 이렇게 표현한다.

"나는 그날 청주와 결혼했다."

그렇게 나의 인생과 목회에 새로운 날이 시작된 것이다.

자식이 부족하면 부모가 바빠지고, 성도가 부족하면 어쩔 수 없이 목사가 바빠지고, 목사가 부족하면 어쩔 수 없이 하나님이 바빠지시는 법이다. 정말 아무런 대책도 없이, 너무나 단순하게 청주에 교회를 개척하기로 결심을 하자 그때부터 정말 바빠지신 것은, 바로 하나님이셨다. 그 일은 결코 간단한 일이 아니였기 때문이다. 집 문제, 자녀들 학교 문제, 청주에서 교회 건물 얻는 일, 조용기 목사님에게 개척지원금 받는 일 … 그리고 세상에서 가장 작은 교회를 세우기 위하여 필요한 여러 가지 일들 …

하나님은 우리 부부가 기도하며 도움을 요청할 때마다 결코, 거부하지 않으시고 놀랍고 풍성한 방법으로 역사하셨다. 그런데 사실 이 일은 당연한 일이였다. 왜냐하면 … 우리들의 모든 수고는 오직 주님의 몸된 교회를 세우는 한가지 사실에만 집중되었기 때문에 주님께서 주님의 종들과 일꾼들을 보내 주시고 도와 주시는 것은 마땅한 일이기 때문이다. 이제 벌써 12년이 지났다. 돌아보면 지나온 시간 속에 늘 함께 하시고, 많은 은혜로 채우신 주님의 손길에 너무나 감사하다.

3. 세계에서 가장 작은 교회

이제 드디어 세계최대 교회인 여의도 순복음교회를 떠나서 6개월만에 〈세계에서 가장 작은 교회〉를 시작하게 되었다. 그런데 그 교회는 땅 위에 있는 것이 아니라, 하늘에 있었다.

아파트 15층 꼭대기에 있는 우리가 사는 집에서 예배가 시작되었기 때문이다.

여의도 순복음교회에서 지원해 준 개척 지원금으로 신축건물의 한층 전체를 임대했지만, 그 건물이 이제 1층을 짓고 있는 중이였기 때문에 가을에 있을 준공을 기다리며 임시로 가정교회를 시작한 것이다. 그런데 요즘 세상에 누가 아파트 15층에 있는 교회, 그것도 처음 시작하는 개척교회에 출석하겠는가? 그러나, 어차피 믿음이라는 것은 무에서 유를 창조하시는 하나님만 바라보며, 아브라함처럼 빈손으로 출발하는 것임을 잘 알고 있었기에 우리는 염려하지 않았다.

그때 우리 부부는 기도에 전력했다. 그리고 교회를 광고하는 전단지를 만든 뒤에, 길거리에서 전도하기 시작했다. 어쩌면 그런 모습은 대형교회에 있을 때는 한번도 해 본 일이 없는 일이었는데, 감사와 소망으로 열심히 땀을 흘렸다. 하나님이 놀랍게 역사하셔서 작은 전단지를 보고서 한사람 한사람씩 아파트 15층에 모이기 시작했고 주일예배와 수요예배를 드렸다.

십자교회 창립예배 전 가정교회 모습
(아파트 15층)

몇 달 후, 교회 건물이 완공되고 창립예배를 드릴 때에는 벌써 수십 명의 성도님들이 출석하게 되었다. 나는 그때 분명한 사실을 깨달았다. 교회의 주인은 결코 목사나 제직 등의 사람이 아니라, 바로 하나님이시며 하나님의 은총과 사랑은 결코 교회의 크고 작음에 따라서 다가오는 것이 아니라, 오직 진실한 믿음과 최선을 다하는 마음을 통하여 다가온 다는 것을 …

나는 지금도 눈을 감으면, 처음 청주에 내려와서 교회를 개척할 때의 모습이 생각난다.

그때 우리는 얼마나 기뻐했으며, 그때 우리는 얼마나 겸손했는가? 그때 우리는 얼마나 충성했으며, 그때 우리는 얼마나 소망이 넘쳤는가?

그러므로 나는 오늘도 이렇게 기도한다.

"주여! 우리 십자교회 성도들이 처음에 충성하던 그 첫사랑의 열정과 순수함이 결코 식지 않도록 지키시고 축복하여 주옵소서."

4. 성전구입과 사망의 골짜기

하나님의 크신 은혜로, 교회가 날로 날로 부흥되어 창립한지 2년도 되지 않아 출석 성도가 200명을 넘게 되었다. 우리가 임대한 건물의 평수가 85평이었지만, 건물 구조가 ㄱ자 모양으로 꺾어져 있었기에, 실제 사용평수는 성전의 약 50평 정도밖에 되지 않았다. 그래서 교회의 큰 행사를 할 때에는 성전이 비좁아서 여러 가지 어려움이 있었다.

더욱이, 처음 교회를 시작할 때는 아파트 단지가 새로 조성되던 시기라 주차에 큰 어려움이 없었지만, 아파트가 모두 입주되고 상가와 근린시설까지 단지 내에 많이 세워지면서 우리 교회의 주차장은 늘 외부차량으로 가득 차게 되었고, 당연히 우리 성도들의 주차는 어려워지게 되었다.

우리는 제직 회의를 연 뒤에, 교회를 옮기기로 결정했고 전성도의 간절한 기도를 들으신 하나님께서는, 청주 시내 중앙의 큰 대로변에 있는 370평되는 건물을 매입한 뒤, 이사할 수 있도록 은혜를 부어 주셨다.

비록 교회 건물이 지은 지 10년이 넘었고, 대성전이 지하에 있는 구조였지만, 이전의 임대건물보다 사용가능 면적이 훨씬 넓었을 뿐만 아니라, 전세가 아니라 전성도가 주인이 되는 새 집을 얻었다는 기쁨으로 우리 모두는 즐거워하였다. 그 후 몇 년 뒤에 120평의 넓은 주차장을 구입하고, 나의 영적인 은사이신 조용기 목사님을 모시고 축복대성회를 드림으로써 하나님께 큰 영광을 돌렸다.

그러나 세상의 모든 일이 그렇지만, 교회 일에도 기쁜 일만 있는 것은 아닌 것 같다. 성전 구입을 전 후로 하여 우리가정과 교회에 몇 번의 어려움이 다가왔다.

어느 날 심방을 마치고 집에서 쉬고 있는데 갑자기 아내에게서 급한 전화가 걸려왔다.

"지금 우리 아파트 앞 놀이터로 빨리 나와보세요! 큰일 날 뻔했어요!"

무슨 영문인지 모른 채 달려 내려가 보니 놀라운 상황이 내 눈

앞에 벌어져 있었다. 그 모습은 마치 액션영화의 한 장면 같았다. 중형차가 어린이 놀이터 안에 있는 벤치 위에 비스듬히 걸쳐 있었고 나무 벤치는 산산조각이 나 있었기 때문이다.

쿵! 하는 소리를 듣고 놀래서 달려 나온 많은 아파트 주민들을 헤치고 아내에게 다가가서 들은 사연은 이러했다.

"우리 교회의 젊은 자매님이 나와 상담을 하려고 찾아 왔기에 함께 놀이터 벤치에 앉아서 이야기를 나누고 있었는데 갑자기 뒤에서 '부르릉~ 부릉~ 쿵 쿵!' 하며 이상한 소리가 들려 오기에 뒤를 돌아보는 순간 검은색 자동차가 나와 자매가 앉아 있는 방향으로 부~웅 떠서 날아 왔어요. 그 순간 나는 본능적으로 젊은 자매를 벤치 오른쪽으로 밀어내고 동시에 나는 왼쪽으로 급히 피했고, 약 2~3초 후에 자동차가 요란한 소리를 내며 벤치를 덮쳤어요.

자가용 주인은 같은 아파트에 사는 아저씨였는데 자동차의 시동을 켜자마자 갑자기 앞으로 돌진하면서 인도의 블록을 몇 번 들이받더니 부웅 떠서 날아갔다는 것이다. 급발진 사고였다. 그 아저씨는 얼마나 놀랬는지 얼굴이 사색이 되었고 말조차 더듬고 있었다.

나는 그날 아내와 자매님을 죽음의 자리에서 건져주신 하나님께 깊은 감사를 드렸다. 만일 몇초만 늦었다면 두사람은 살아 남지 못했을 것이다. 그 기막힌 상황을 바라보던 많은 주민들은 혀를 찼고, 나는 안도의 숨과 함께 가슴을 쓸어 내리며 이 말을 반복하고 있었다.

"주님, 감사합니다! 주님, 감사합니다!"

그리고 또 다가온 시련은 교회 건물을 구입한 뒤였다. 우리에게 건물을 판 전 주인의 부도덕과 약속의 불이행 … 많은 거짓말과 무책임 … 그리고 도주 및 연락두절 … 이 일 때문에 나는 목회하기도 바쁜 가운데 몇 년 동안을 문제해결을 위하여 애를 썼고 많은 가슴앓이를 해야했다.

그렇지만 감사한 것은 우리 십자교회 성도들의 끊임없는 기도 때문에 이겨 낼 수 있었고 억울하게 손해 보았던 많은 금전적 피해는 몇 년 뒤 주차장을 구입할 때 하나님이 도와주심으로 좋은 가격절충을 통하여 충분히 보상 받을 수 있었다.

5. 무당 깃발과 기도의 승리

어느 날, 교회에 도착해 보니 우리교회 주차장 울타리 바로 뒤에 있는 연립주택 1층에 이상한 깃발 하나가 휘날리고 있었다. 긴 대나무 막대기에 빨간 깃발 하나와 하얀 깃발 하나 … 나는 그것이 무엇인지는 짐작하고 있었지만, 그 깃발이 연립주택 벽에 붙어 있는 것으로 보아 연립에 사는 주민의 것이 분명하다고 생각했다. 그러나, 비록 종교는 달라도 서로 이웃이기에 조심스럽기도 해서, 당분간 기도만 하기로 했고, 교회 성도들이 깃발에 대해서 물어볼 때도 함께 기도하자고만 했다.

그렇게 약 1년 이상의 시간이 흘렀다. 그러던 어느 날, 주차장에 차를 세우다가 이상한 모습을 보게 되었다. 무당 깃발의 위치가 아무도 모르게 살짝 옮겨졌는데 하필이면, 그 깃발을 우리 교회 주차장 울타리에 꼽아 놓은 것이 아닌가? 더욱이 울타리 옆에 있던 10년 이상된 시원한 모양의 감나무와 라일락 나무를 말도 없이 잘라 버린 것이다.

우리는 더 이상 보고만 있을 수 없었다. 이 무례한 영적 전쟁에 대한 단단한 각오와 제직들의 단합된 마음, 그리고 성도들의 기도를 부탁하기 위하여 제직회의를 소집했고 3가지 사항을 주님의 이름으로 결정했다.

첫째, 주님의 영광을 가리므로 결코 육적으로는 싸우지 않는다.
둘째, 교회 울타리의 경계선을 정확하게 측량한 뒤 울타리에서 깃발을 떼어줄 것을 단호하게 요구한다!
셋째, 이제부터 전 성도가 이 문제가 해결될 때까지 예수님의 이름으로 기도한다 !

하나님은 분명히 살아서 역사하셨고, 우리의 기도를 기뻐 받으셨다. 우리가 집중적으로 기도한지 한 달도 되지 않았을 때 무당은 우리 교회 울타리에 꽂았던 깃발을 철수한 뒤, 원래처럼 연립 주택 1층에 있는 자신의 집 창문틀에 도로 묶어 놓았고, 그 뒤에 한 두번은 제자리를 잡지 못한 채 창문 옆의 이리저리로 옮기며 묶어 놓았다. 그래서, 우리는 교회적으로 더욱 집중하여 기도했고 결국 제직회의를 연지 3개월도 되지 않았을 때, 무당은 스스로 깃발을 철수 하고, 다른 곳으로 이사를 가면서 주님의 영광이 온 교회 위에 충만하게 되었다.

결국 우리교회가 겪었던 영적인 전쟁에서의 승리는 십자교회의 모든 주의 종들과 제직과 성도들이 한마음이 되어 하나님을 경외하는 믿음으로 간절히 기도드렸기 때문에 주님께서 놀랍게 역사하신 것이다. 더욱 감사한 것은, 교회 성도 모두가 세상의 삶 속에도 영적 전쟁은 분명히 있다는 사실과 영적 싸움의 승리는 오직 예수님의 이름과 권세를 통하여 얻을 수 있다는 사실을 몸소 체험함으로써, 신앙 성장의 기회가 된 것이다.

"주를 경외하는 자에게 깃발을 주시고 진리를 위하여 달게하셨나이다" (시편 60:4)

6. 목사가 아니라 목자가 되라

개척교회를 이끌어 가다보면, 여러 종류의 사람들을 만나게 된다. 그들 중에는 정말 하나님을 사랑하고, 믿음으로 살기 위하여 애를 쓰는 성도들도 많지만 때로는, 그 반대의 사람들도 있다. 너무 고집이 세고 모가 난 사람, 마음에 큰 상처가 있어서 별것 아닌 일에도 쉽게 시험에 드는 사람, 절대로 남의 말을 듣지 않는 사람, 세상 죄에 깊이 빠져있는 사람, 부정적으로 비뚤어진 사람, 도대체 변화가 되지 않는 사람 …

한마디로 요약하면, 정말 상대하기가 쉽지 않은 사람들이다.

물론, 모든 주의 종들은 그런 사람들을 변화시킬 뿐만 아니라, 축복의 길로 인도해야 할 사명을 가지고 있다. 문제는 그들이 결코 쉽게 변화되지 않는다는 사실이다. 그런 사람이 평신도일 경우에는 영향력이 크지 않기 때문에 교회적으로 큰 문제가 되지를 않는다. 그러나 그런 사람들이 직분이 높을 경우에는 교회 안에서 반드시 좋지 않은 영향을 끼치게 되는데 그럴 경우에 목사님은 어쩔 수 없이 마음에 상처를 입게 되고, 오랫동안 주님 앞에서 기도하는 시간을 갖게 된다.

과연 이런 사람들을 주의 종들은 어떻게 대처해야 하는가?
어느 날 이런 문제가 나에게 기도 제목이 되었다.

나는 이 문제에 대하여 주님께 심각하게 기도드리면서 해답을 구했는데, 그 때 주님께서 나에게 주신 대답은 무척 충격적인 것이었다.

주님께서 나에게 들려주신 말씀은 짧았지만, 분명했다.

"너도 옛날에는 그 사람들과 같았느니라!"

그러므로 나는 "왜 그런 사람들이 우리교회에 나옵니까?"라고 주님께 물어볼 수가 없었다. 그러므로 나는 주님께 다른 질문을 드려야 했다.

"그러면 이런 사람들을 변화시키려면 어떻게 해야 합니까?"

그때 주님께서는 또다시 간단하게 해답과 결론을 말씀해 주셨다.

"너는 목사가 되지 말고 목자가 되어라."

과연 이 말씀은 무슨 의미인가?

나는 너무 궁금해서, 이 말씀 속에 들어 있는 주님의 뜻이 무엇인가 물어 보았는데 예수님의 대답은 다음과 같았다.

"목자가 된다는 것은 바로 내가 〈예수님의 마음〉을 갖는 것이니, 곧 예수님처럼 사랑하고, 용서하고, 인내하는 것이다."

나는 주님께 질문하였다.

"대략 그 말씀의 의미는 알겠는데, 조금 더 분명하게 설명해 주실 수는 없으십니까?"

그러자, 예수님께서 말씀하셨다.

"목자가 된다는 것은 네가 〈아버지의 마음〉을 갖는 것이다. 곧 자식을 위하여 자기의 모든 것을 포기한 채, 끝까지 사랑하는 것, 자존심도 버리고, 미움도 버리고, 가슴으로 그들을 품는 것이다."

그때 나는 큰 깨달음을 갖게 되었고, 그것을 목회에 적용하다보니, 그때부터 교회에 많은 변화가 일어나게 되었다. 돌이켜 보면, 이 진리를 처음 교회를 개척할 때부터 알았다면 십자교회는 더욱 크게 부흥할수 있었을 텐데 … 뒤늦게 이 은혜를 깨닫게 된 것이 너무나 아쉽다.

7. 장성한 나무같은 아들의 축복

나의 아들은 12년 전 내가 교회를 개척하기 위하여 청주로 내려올 때 고등학교 3학년이었다. 대학입시 준비는 자녀들의 인생에 있어서 가장 중요한 시기였지만 별로 뒷바라지도 못해준 채 서울에 방 하나만 얻어준 뒤 혼자 남겨두고 갑자기 내려온 것이 늘 미안하다.

더욱 미안한 것은 교회를 세우고 확장하는 과정에서 늘 경비가 필요했기에 먼저 하나님의 일에 힘쓰다 보니 아들의 등록금을 교회에서 지원받는 것이 어려웠다. 그럼에도 불구하고 늘 긍정적인 마음으로 교회에서 봉사하며 꿋꿋하게 성장해 준 아들에게 고맙기만 하다.

아들이 군복무를 마친 뒤 얼마되지 않던 어느날 나에게 말했다.
"캐나다에 6개월 동안 어학연수를 다녀오고 싶습니다."
어학연수는 유학과 달라서 큰 경제적 부담이 없었기에 아들은 캐나다로 출발할 수 있었다.

그런데 6개월 후 귀국한 아들은 나에게 말했다.
"아버지, 캐나다에서 계속 공부하고 싶은데, 도와주세요."
물론 젊은 시절에 공부하는 것은 귀한 일이지만 재정적 지원이 힘든 상황이었기에 만류도 했으나 아들의 소원은 너무나 간절했다. 그러므로 우리 부부가 할 수 있는 일은 기도밖에 없었고 최선을 다하여 절약을 한다면, 1년 정도는 후원을 해 주겠다는 약속을 한 뒤에 드디어 아들의 유학생활은 시작되었다.

아들은 그곳에서 열심히 공부했고 유학생활도 익숙해져 계속 공부하기를 원했지만 우리의 형편은 그렇지 않았다.

그러므로 우리는 정말 안타까운 마음으로 간절히 기도하게 되었는데 어느 날 하나님의 도우심이 놀랍게 다가왔다.

먼 친척을 통하여 기적적으로 많은 도움을 받게 되었고 결국 유학생활을 성공적으로 마치고 귀국할 수가 있게 된 것이다.

물론 아들은 돈을 아끼기 위하여 고생을 각오해야 했다. 가장 작은 방을 얻고, 아르바이트도 열심히 하고, 때로는 먹는 것까지 아끼면서 … 그러나 젊어서 하는 고생이었기에 그 모든 것이 값진 경험이었고 꿈을 이루기 위해서는 꼭 필요한 과정이었기에 결코 후회는 없는 일이였다.

더욱 감사한 것은 귀국한지 1년 반도 되지 않아 하나님 은혜의 허락하심으로 국내의 한 유명 영어학원에서 업무 총괄을 맡게 되었으며, 주일에는 기쁨으로 교회에서 섬기고 있다.

"우리 아들들은 어리다가 장성한 나무같으며"(시편 144:12(상))

8. 아름다운 모퉁이돌 같은 딸의 축복

교회 개척을 위하여 청주에 내려올 때 나의 딸은 중학교 3학년이었다. 그 당시 여의도순복음교회의 중등부 키보드 반주자였던 딸은 성격이 활발하여 친구가 많았고, 공부도 꽤 잘하는 모범학생이었다.

그러나 한창 예민한 나이에 갑자기 정든 친구들과 이별하고 서울을 떠나 낯선 청주에 내려온 뒤, 적응하는 과정에서 여러 가지 마음고생을 했는데, 그 때를 생각하면 아버지로서 딸에게 미안한 마음이 든다. 또한, 10년이 넘도록 개척교회의 모든 예배마다 피아노 반주를 맡아서 자기의 시간을 자유롭게 갖지 못한 점이 어려웠을 것 같다.

그런데 딸이 대입수능고사 이틀 전날, 엄마가 운전하는 차를 타고 등교하던 길에 큰 사고를 당하게 되었다. 큰 사거리에서 신호위

반으로 과속해서 달려오던 택시가 아내와 딸이 타고 있던 차의 옆 구리를 심하게 들이받은 것이다. 그 때, 뒷자리에 앉아서 책을 보던 딸은 갑자기 몸에 큰 충격을 받으면서 차의 옆 유리창에 머리를 세게 부딪히고 말았다.

우리 차는 사거리에 정차해 있다가 파란불로 바뀌자 출발했는데, 오른 편에서 속도를 위반하고 달려오던 택시에 부딪힌 것이다. 중형차였던 우리 차는 10m 이상 튕겨 나가면서 보도블럭에 가까스로 멈춰 섰다. 택시는 한 바퀴 회전한 뒤에 가로수에 부딪히며 섰지만, 택시의 앞부분은 형체를 알아볼 수 없을 정도로 찌그러졌다.

그때에 택시가 급브레이크를 밟으면서 타이어가 타는 현상으로 아스팔트 위에 검은자국이 생기는 스키드 마크(Skid mark)가 무려 15m가 넘었으니 얼마나 빠른 속도로 달려 왔는지 짐작 할 수 있다. 그 당시, 두 대의 차량 수리비만 1000만원이 넘을 정도의 대형사고 였으나 하나님이 지켜주심으로 아내와 딸이 생명을 잃지 않은 것을 생각하면 지금도 감사하고 또 감사하다.

그러나 딸은 그 사고로 119 구급차에 실려 곧바로 입원하게 되었고, 이틀 뒤인 수능 시험 당일에는 병원 측의 허락을 받고 링거를 뺀 후 수험장으로 갈 수 있었다.

교통사고로 인하여 머리와 귀를 다친 딸은, 수능시험의 1교시

언어영역 듣기평가부터 잘 들을 수가 없었고, 머리의 심한 통증을 이기지 못하여 결국 점심시간에 진통제를 먹었는데 그것이 문제가 되어 마지막 시험시간에는 아예 잠이 들어 버렸다.

결국 수능점수가 평소 모의고사 성적보다 80점이나 떨어졌고, 수능 시험을 마친 후 또 다시 병원에 입원해 있어야 했던 딸은 늘 소원하던 음악대학의 진학이 좌절되었다. 그때 크게 낙심한 딸이 나에게 했던 말이 지금 생각해도 마음이 아프다.

"아빠 … 교통사고도 대물림이야?"

딸은 재수를 해서라도 원하던 대학교를 진학하기 원했지만, 개척교회 목사가 그 뒷바라지를 하기에는 어려운 일이었다. 어쩔 수 없이 딸은 다른 대학교에 진학하였고, 음악교육과를 졸업하였다.

그리고 몇 년이 지난 어느 날, 딸이 서울에서 혼자 전철을 타고 가는 중에 목적지인 압구정역에서 내리려는데, 갑자기 심한 어지럼증이 오고 숨이 안 쉬어지면서 의식을 잃고 쓰러지는 사고가 있었다.

잠시 후, 정신이 들면서 눈을 반쯤 떴지만 몸에는 완전히 힘이 빠져 있었고 자신의 의지대로 몸을 움직일 수 없었다. 딸의 몸은 전철에서는 빠져 나왔지만, 오른쪽 다리의 허벅지까지 전철과 승강장 사이의 틈새에 끼어 있는 위험한 상황이었다. 전철은 이미 문을 다시 닫고, 다음정거장으로 출발하려 하고 있었다. 그때, 딸의 다리가 끼어 있는 모습을 전철 안에서 본 승객들이 놀라서 닫힌

문을 두드리며 소리를 질렀고, 아마도 그 소리에 딸이 조금이라도 정신을 차린 것 같다.

전철 운전기사는 다리가 끼어 있는 채 누워 있는 딸을 보지 못하고 서서히 출발하였다. 전철이 움직임과 동시에 딸의 다리와 몸 전체가 뒤틀리고 있었는데, 그 위급한 순간에 딸은 너무 다급해서 '하나님'을 간절히 불렀다.

그 순간, 정말 놀라운 일이 일어났다.

하늘에서 환한 빛이 내려와서 딸의 몸을 쬐이더니, 두 천사가 내려와 전철과 승강장 사이에 끼어 있던 딸의 오른쪽 다리를 양쪽에서 들어 올려 주었다는 것이다.

딸의 다리가 틈새에서 빠지자마자 전철은 무서운 속도로 달리기 시작했고, 그제서야 주변에 있던 사람들이 달려와서 딸을 달리는 전철의 반대방향으로 급히 옮겨 놓았다.

딸은 그런 큰 사건이 있었음에도 불구하고 부모님께 걱정을 끼쳐 드릴까봐 아무 말도 하지 않았다. 그러나, 하나님께 충분히 감사와 사랑을 고백하고 이제 주님의 길을 걸어갈 것을 주님과 약속한 뒤에야 나에게 이 모든 사실을 이야기 했다.

딸의 전철 사건이 있은 지, 2년이 지나서야 이 놀라운 기적에 대한 간증을 들은 나는 그 자리에서 하나님 앞에 무릎을 꿇고 감사의 기도를 드렸다.

"하나님이 죽음의 자리에서 우리 딸을 살려주신 것은 우리의 작은 충성을 기억하시고 갚아 주신 것이며, 딸에게 하나님의 살아계심을 나타내신 것이오니 … 저희 가족이 더욱 감사하여 죽도록 충성하게 하옵소서!"

결국 나의 딸은 두 번이나 죽음의 골짜기에서 살려주신 하나님의 은혜를 감사하여, 자신의 꿈을 이루려고 했던 계획들을 모두 내려 놓고 평생을 하나님의 나라를 위하여 살 것을 고백했다.

그리고 하나님의 영광을 위하여 평생의 동역자가 될 배필을 두고 기도하던 중 선교사로 활동 중인 믿음이 아름다운 청년을 만나게 되었고, 지금은 부부가 되어 함께 주님을 위해 헌신하는 복된 삶을 살아가고 있다. 정말로 하나님은 '눈물로 씨를 뿌리면, 기쁨으로 단을 거둬주시는 좋으신 주님' 이시다.

주님의 몸된 교회를 세우기 위하여 작은 충성을 했던 우리 가정을 기억하셔서, 생명의 손길로 지켜주시고 풍성한 열매를 맺게 하신 주님께 진심으로 감사드린다.

"우리 딸들은 궁전의 식양대로 아름답게 다듬은 모퉁이 돌과 같으며"(시편 144:12 하)

7장
나의 한가지 남은 꿈을 이루어 주실 하나님

1. 인생은 하나님께서 만드신 퍼즐이다

    나는 오래전부터, 언젠가는 나의 일생을 간증으로 써서 책을 만들어야겠다는 생각을 했었다. 그 이유는, 나의 삶이, 평범한 다른 많은 사람들과는 매우 달랐기에, 남다른 사연도 많았고, 하나님 손길과 기적도 많았기 때문이었다. 그러나, 이 일은 결코 쉬운 일이 아니였다. 주의 일을 하다 보니, 매일 매일이 너무 바쁘게 지나갔고, 지나간 나의 삶을 뒤돌아 보며 정리할만한 시간적 여유가 없었기 때문이다. 더욱이 지난날의 아팠던 기억들, 곧 이미 딱지가 앉아버린 과거의 일들을 파헤치고 기억함으로서, 다시 아파하고 싶지 않았기 때문이었다. 그러므로 오랜 세월동안 간증 쓰는 일을 연기해 왔다.

그렇지만, 하나님께 받은 큰 은혜를 감추어 놓고만 있는 내 모습이 부끄러웠고 시간이 지날수록 내 머릿속의 많은 기억들이 잊혀질까 염려가 되었기에, 더 늦기 전에 결단을 내리고 간증을 쓰게 된 것이다. 막상 간증을 쓰려고 하니, 어떻게 그 많은 일들과 사연들을 책 한권에 요약해서 쓸 수 있을지 염려도 되었지만, 하나님이 은혜를 주셔서 지나간 일들의 대부분이 기억나게 하심으로, 큰 어려움 없이 진실하게 기록하게 되었다. 이 간증을 거의 다 쓰고, 마무리 단계에 있던 어느 날, 나는 너무나 놀랐다. 왜냐하면, 지난 날 젊었을 때에 내가 방황했던 이유를 뒤늦게 분명히 발견했기 때문이다. 그것은 인생의 문제에 대한 근본적인 두 가지 해답을 알지 못했기 때문이다.

첫 번째는, '내 인생의 주인은 과연 누구인가?
　　　　　나 자신인가? 아니면, 하나님이신가?'
두 번째는, '내 인생 전체를 그림으로 그린다면 과연 어떤 모양
　　　　　과 색깔을 가졌을까?'

그런데 이 간증을 쓰면서 지나온 생애를 뒤돌아 보니 젊은 날의 궁금증과 의문에 대한 분명한 해답을 얻을 수 있었다.
그 놀라운 깨달음을 이렇게 표현할 수 있을 것 같다.

「하나님 자녀의 일평생은… 하나님께서 이미 오래 전에 계획하시고 그려 놓으신 멋진 퍼즐(Puzzle)을 하나 하나 맞춰가는 과정」이라고!

퍼즐은 낱말이나 숫자, 또는 그림이나 도형을 이용하여, 지적인 기쁨을 얻을 수 있도록 만들어 놓은 일종의 〈알아 맞추기〉이다. 우리는 어린 시절, 이러한 퍼즐놀이를 해봤기 때문에, 무엇인지는 잘 알고 있다.

딱딱한 종이에 아름답고 멋진 그림이 그려져 있고, 그 그림은 수십 개의 조각으로 나누워져 있다. 퍼즐을 사다주신 아버지, 어머니는 퍼즐의 전체 그림이 어떻게 생겼는지, 전체를 잘 알고 있지만, 어린 자녀는 자신의 앞에 풀어 놓여진 퍼즐의 수십개 조각들이 어떠한 그림인지 도무지 알 수가 없다. 그러므로 처음에는 퍼즐을 신나게 맞추어 가지만 퍼즐 맞추기가 생각만큼 쉽지는 않기에 때로는 화를 내기도 하고 심지어 울면서 포기하려고 한다.

그럴때면 전체 그림을 알고 있는 부모님은 그 자녀를 위로하고 설명해 줌으로서, 어린 자녀는 다시 힘을 내어 퍼즐을 맞추려 노력한다.

어느덧, 퍼즐이 절반 정도 맞춰지면, 전체 그림의 윤곽이 나타나기 시작하고, 마침내 완성 되었을 때는, 퍼즐의 아름답고 멋진 그림을 보며, 어린 자녀는 크게 환호성을 지르면서 기뻐하는 것이다.

이 모습은, 하나님과 하나님 자녀와의 관계에도 마찬가지이다.

하나님은 우리 모두를 이 세상에 보내실 때, 각자에게 아름답고 멋진 인생의 그림과 계획을 갖고 계신다. 또한 하나님은 모든 하나님의 자녀들이 그 분을 의지하며 각자 인생의 퍼즐 조각들을 잘 맞춰 나가기를 원하신다. 그러나 안타깝게도 이 세상의 많은 사람들은 그들 인생의 전체 그림을 잘 알고 계신 하나님을 믿지도 않고 도우심도 구하지 않은 채 자기 스스로의 힘과 지혜로만 세상을 살아 가려고 애쓴다. 하지만 인생 전체의 퍼즐 맞추기가 결코 쉽지는 않은 법 … 그리하여 오늘날 많은 사람들은 자기가 열심히 노력한 만큼 인생의 계획들이 잘 이루어지지 않으면 낙심하거나 분노하며 우울해 하는 것이다.

그러나, 바로 그때에 우리 모두의 인생을 직접 멋지게 그려 놓으신 하나님을 믿고 도움을 요청하면, 주님의 사랑과 인도하심을 따라, 멋진 인생의 퍼즐을 완성할 수 있게 되는 것이다.

이 간증을 쓰기 위하여 나의 삶 속에 있었던 많은 일들을 정리하다보니 대략 60여개의 퍼즐 조각들이 내 간증의 작은 제목들로 구성되어졌다.

정말 감격스러웠던 것은, 1살 때부터 60살까지의 내 인생의 모든 퍼즐 조각들을 책 한권으로 요약한 뒤에 그 모든 지나간 일들을 가슴에 품은 채 눈을 감고 내 인생의 퍼즐을 하나 하나 맞춰보니, 〈하나의 훌륭한 그림〉이 내 눈 앞에 펼쳐지는 것이었다. 바로 그것이, 하나님께서 나를 이 세상에 보내시기 전에, 이미 손수 그려 놓으시고 계획하신 내 인생 전체에 대한 정확한 청사진이요, 그분과 함께 반드시 이루어야만 하는 내 인생의 〈영적인 퍼즐〉이었던 것이다.

이제 내 인생의 수많은 조각들을 거의 맞춘 뒤에, 전체적인 그림을 바라보니 내가 보기에도 아름답다. 그러므로 나는 확신한다. 어둠 속을 걷던 나의 인생을 빛으로 인도하신 하나님의 손길이 들어 있는 이 간증을 읽는 사람마다 큰 소망과 위로를 얻게 될 것이라는 사실을 …

"나는 빛도 짓고 어두움도 창조하며 나는 평안도 짓고 환란도 창조하나니 …" (이사야 45:7)

2. 밤중에 노래하게 하시는 하나님

성경을 보면, 모든 위대한 인물들은 〈고난의 터널〉을 통과했다.
요셉도, 다윗도, 다니엘도… 특히, 나는 욥을 좋아한다. 욥은 인간이 겪을 수 있는 고통의 한계를 극복하여 많은 사람들에게 큰 감동을 주기 때문이다. 더욱이 내가 욥을 좋아하는 이유는 일 년 동안의 병원생활에서 퇴원한 직후에 지독한 가려움증으로 마치 욥이 심한 악창 때문에 큰 고통을 겪은 것 같이 많은 어려움을 겪었기 때문이다.

특별히 나는 욥기 35장 10-11절에 기록된 말씀을 매우 좋아한다.

"나를 지으신 하나님, 곧, 사람으로 밤중에 노래하게 하시며, 우리를 교육하시기를 땅의 짐승에게 하심보다 더 하게 하시며, 우리에게 지혜 주시기를 공중의 새에게 주심보다 더 하시는 이가 어디 계신가? 말하는 자가 한 사람도 없구나."

이 말씀 중에서, "사람으로 밤중에 노래하게 하시며"라는 말씀을 자주 묵상한다. 성경의 기록된 밤은 고통의 시간이다. 창세 이전의 '어둠'도 그렇고, 야곱이 장자의 명분을 빼앗고 도망가면서 돌베게 베고 자던 '밤'도 그렇고, 사도 바울이 복음을 전파하다가 갇힌 감옥에서의 '밤'도 그러하다. 그런데, 하나님께선 성경말씀을 통하여 분명히 말씀하신다. 하나님은 하나님의 자녀들이 인생의 짙은 밤중 곧 큰 고통 속에서 노래하기를 원하신다고…

또한 고통이 크고, 인생의 밤이 어두우면 어두울수록, 더욱 더 간절하게 노래하기를 원하신다고… 왜냐하면 그렇게 해야만 하나님께서 우리와 함께 하실 수 있고 도우실 수 있으며 바로 그때에 우리의 삶속에 있는 짙은 어둠이 영광으로 바뀔 수 있기 때문이다.

16세기 중엽 유럽은 산림자원의 극심한 고갈로 땔 나무와 숯이 부족해 심각한 에너지 위기를 겪게 되었는데, 이때 가장 심각한 나라는 바로 영국이었다. 하지만 영국은 암담한 현실 속에서 결코 낙심하지 않고, 대체 에너지로 석탄을 처음 사용하기 시작했다. 이 석탄의 사용이, 나무를 사용하는 것보다 훨씬 많은 생산을 가져오게 하였고, 곧 이어 증기기관차를 발명케 하는 계기가 되었으며, 결국엔 서구 근대화의 불을 당기는 '산업혁명'을 일으키는 큰 원동력이 되었다.

　이 사건을 통하여 우리는, 매우 중요한 진리를 깨닫게 된다. 곧, 때로는 큰 고통이 우리의 삶에 '큰 유익'을 가져 온다는 것이다. 바로 여기에, 우리가 고통 속에서도 하나님을 찬양 할 수밖에 없는 이유가 있는 것이다.

　아프리카의 광활한 사하라 사막을 건너려면 무려 수천km 이상을 가야하는데 보통 한달 동안은 낙타를 타거나 걸어서 가야 한다. 이때 몇 가지 중요한 것들이 있는데, 식량과 물을 준비하는 것도 필요하지만, 더욱 중요한 것은 끝없는 사막을 똑바로 걸어가는, 비결을 깨닫는 것이다. 그런데 사막에는 길이 없다. 또한, 사막폭풍이 불때면, 한 치 앞도 제대로 바로 볼 수 없으며, 목표로 삼았던 모래산과 지형들도 순식간에 사라지며 변해 버린다.

　이때 몹시 당황하게 되며, 자칫 잘못하면 드넓은 사막에서 동심원을 그리듯이 계속 빙글 빙글 돌다가 생명까지 잃게 되는 것이다. 과연 이때, 어떻게 해야 길을 찾을 수 있고, 죽음의 사막을 속히

통과할 수 있을까?

그 비결을 아프리카 유목민들이 잘 알고 있다. 곧 땅과 지형을 바라보는 것이 아니라, 계속 하늘을 바라보는 것이다. 특히, 죽음 같이 어두운 밤 중에는 해와 달과 별의 위치를 통하여 분명한 방향을 찾아내는 것이다. 그 이유는 땅의 지형과 환경은 계속 바뀌어도, 하늘은 영원히 변하지 않기 때문이다.

우리네 인생은 마치 사막과 광야를 통과하는 것과 같다.
쉽게 지치고 낙심하기도 하고, 때로는 외로움과 두려움에 빠지기도 한다. 그때 우리는 결코, 환경과 세상을 바라보아서는 안 되며, 오직 하나님만 바라 보아야 한다. 그래야만 인생의 사막을 가장 빠르게 건널 수 있는 길을 발견하게 될 것이며, 때로는 시원한 오아시스도 발견하면서, 결국엔 우리가 원하는 목적지에 도착하는 큰 기쁨을 얻게 될 것이다.

3. 바람이 불어야 연이 날아 오른다

아름다운 〈연〉은 사람의 손에 의해 땅에서 만들어진다.
그러나 제 아무리 멋진 연도,
제 스스로의 힘으로는 날아 오를 수 없다.
연이 푸른 하늘 위에 아름답게 날기 위해서는

반드시 두 가지 조건이 필요하다.

하나는 거센 바람이 불어야 한다는 것이다.
그러므로 바람은 연에게 큰 고통인 동시에 큰 축복이다.
또 하나는 연줄을 끝까지 잡아주는 손이 필요하다.
연이 하늘 높이 떠있고 때로는 멋지게 움직이며
빙그르르 회전하기 위해서는 반드시 손이 필요하다.
우리는 그 손을 〈신〉이라고 부른다.

땅위에 누워 있는 연은 모두가 초라하고 볼품없다.
그러나 연이 대지를 떠나서 하늘을 향해 떠오르기 시작하면
그때부터 연은 … 하나의 그림과 예술이 된다.

마찬가지로 땅 위의 모든 인간들은, 연약하고 잘 넘어진다.
그렇지만 창조주의 손에 잡혀 새로운 삶을 살기 시작하면
그의 삶은 하늘위의 연처럼 귀한 존재가 된다.

성경에 기록된 많은 믿음의 사람들도 처음에는 상처와 실패로 마치 찢어진 연같이 살았던 사람들이다. 하지만 삶의 큰 시련 속에서 주님의 손을 잡았을 때 그들의 삶은 이미 놀라운 영광이 시작되었다.

이 짧은 이야기는 어쩌면 나 자신의 이야기일수도 있고 이 땅의

많은 성도들에 대한 이야기일수도 있다. 그 이유는 하나님의 손은 언제나 주님의 자녀 곁에 머물러 있고 주님의 사랑은 영원토록 변함이 없기 때문이다.

4. 사해바다와 영적교훈

이스라엘에 있는 사해바다는 이름 그대로 죽은 바다요 소금바다이며 쓸모 없는 바다라고 우리는 배웠다. 이십여년 전 내가 그곳에 가서 직접 봤을 때에도 겉으로 보기에 정말 그렇게 보였다. 그곳엔 물고기가 한 마리도 살지 않았고, 배가 한 척도 없었으며, 여행 온 관광객 이외에 사람은 거의 살고 있지 않는, 오직 소금덩어리만 가득한 땅 이였기 때문이다.

그러나 사해바다의 진실은 우리가 생각하는 것과는 정반대이며, 우리가 짐작하는 것보다 훨씬 많은 귀한 것들이 그 바다 속에 매장 되어 있다. 오래전에 신앙계에 실렸던 기사를 기억하고 있다.

"사해바다 속에 숨겨져 있는 여러 귀한 광물질들을 값으로 계산하면 유럽 선진국 3개국의 1년 예산만큼 엄청나다."라는 것이다.

실제로, 사해바다는 매우 귀한 우라늄과 망간, 미네랄을 가지고 있으며, 세계에서 가장 순도가 높은 마그네슘이 그 곳에서 생산되는데, 세계 전체 소비량의 5% 가량 차지하고 있다. 비누와 비료의 재료인 포타시움의 매장량은 전 세계에서 100년 동안 사용하고도 남는 엄청난 분량이 매장되어 있으며, 살충제, 플라스틱, 페인트 제조에 쓰이는 브로마인은 무려 전세계 생산량의 26%를 차지하고 있다. 뿐만 아니라, 일 년에 수백 만 명이 다녀가는 유명한 관광지가 되었고, 사해바다의 약수물은 류마티즘 관절염과 피부병 치료에 많은 효과가 있다. 한마디로, 수 천년동안 버려진 땅, 잊혀진 땅 이었던 사해바다가 사실은 보물단지였던 것이다.

어떻게 그런 놀라운 변화와 축복으로 바뀔 수 있었을까?

약 100년 전까지도 사해바다는 이스라엘 사람들에게 버려진 땅이었다. 하지만 그들은 언제부터인가 생각을 하기 시작했다. 하나님은 분명히 이스라엘 백성에게 젖과 꿀이 흐르는 땅을 주시겠다고 약속하셨다. 그렇다면, 이스라엘 지도 안에 위치한 사해바다도, 분명히 축복의 땅의 일부분이 아닌가?

그러므로 그들은 국가적인 힘을 모아 사해바다에 대한 개발에 들어갔고 이제 수십년이 지난 뒤, 그 땅은 완전히 젖과 꿀이 흐르는 땅으로 바뀌게 된 것이다.

이 이야기는 결코 남의 이야기가 아니다. 영적으로 모든 하나님의 자녀에 대한 이야기이며, 우리들 자신의 이야기이다. 목동이었으나 하나님을 사랑함으로 왕이 된 다윗의 이야기 … 대부분 갈

릴리 바닷가 어부들이었지만, 예수님을 만난 뒤에 세계 복음화의 기수가 되었던 12제자의 이야기 … 그리고 성경에 기록된 그 많은 사람들의 삶의 고통이 놀라운 기적으로 바뀌는 이야기들은, 모두 다 사해바다가 보물덩어리로 바뀌는 이야기이며, 죽음에서 생명을 얻는 우리 기독교의 핵심적인 내용이다.

이 간증을 쓰다 보니, 나도 한 때, 사해바다처럼 버려진 인생 이었음을 발견했다. 그러나 하나님께서 나를 부르시고 만나주신 다음부터, 나의 인생은 조금씩 보물로 바뀌어 가고 있었고, 결국은 사해바다 같던 나의 인생이 생명이 넘치는 갈릴리 바다로 변화된 것이다.

이제 우리는 사해바다 이야기를 통하여, 우리의 눈과 관심을 나의 주위의 모든 〈버려진 부분〉에 집중해야 한다. 그리고 그 〈쓸모 없는 땅〉이 보물로 변화되기를 기도하며 지혜를 구해야 한다. 하나님께서는 일찍이 이스라엘 백성들에게 사해바다라는 놀라운 선물을 주셨지만, 그들이 영적인 눈이 열리지 않았고 깨닫지 못하였음으로 수천년 동안 마땅히 누려야 할 축복을 누리지 못하며 살아왔다. 마찬가지로, 하나님께서는 오늘날 모든 하나님의 자녀들에게 그리스도 안에서 보화와 보물을 예비하고 계시다고 성경을 통하여 말씀하고 계신다. 그러나 그것을 깨닫고 누리는 것은 우리들 자신의 몫인 것이다.

어떤 사람에게는 사해바다가 '내 안에 감춰져 있는 재능' 일수도 있다. 어떤 사람에게는 사해바다가 '변화되지 않고 속썩이는 남편'일 수도 있다. 어떤 사람에게는 사해바다가 '무척 속을 썩이는 자녀'일 수도 있다. 그리고 어떤 사람에게는 사해바다가 '고통으로 가득한 내 인생과 운명'일수도 있는 것이다.

5. 내 몸의 상처와 Stigma

얼마 전, 수영장을 다녀 왔는데 사우나 실에서 어떤 사람이 자꾸만 내 몸을 쳐다보는 것이 아닌가? 온 몸에 남아 있는 교통사고로 인한 많은 수술자국들을 이상하게 쳐다 보는 것이었다.

턱에도… 배에도… 옆구리에도… 허벅지에도… 발등위에도… 온몸에 약 130cm 가 넘는 수술자국 들…

내가 봐도, 상처가 심해 보이는데 다른 사람들이 볼 때는 얼마나 이상하며 그 이유가 궁금할까?

그날 나는 지난 날 교통사고 당시의 힘들었던 상황을 기억하면서, 내 몸에 흔적으로 남아 있는 상처들을, 오히려 '감사'하게 되었다.

물론 그 많은 상처자국들은, 지난 날 나의 불순종과 죄의 결과요 지울 수 없는 얼룩이다. 그러나 분명한 것은, 그 많은 상처자국들은 주님께서 나를 만지시고 싸매주신 치료와 축복의 자국들이라는 사실이다. 만일 하나님이 나를 만지지 않으셨다면, 나는 결코 살아날 수 없었음을 너무나 잘 알고 있다. 때문에, 내 몸에 난 수술자국들은 늘 깊은 의미로 다가온다.

때로는 지난날의 허물을 절대로 잊지 말며, 다시는 죄와 불순종에 빠지지 말라는 '경고'의 메시지로… 때로는 하나님의 은혜와 사랑을 영원히 기억하여 더욱 충성하고 보답하는 축복된 삶을 살아가라는 '격려'의 메세지로….

그러므로 작던 크던 내 몸의 많은 상처들은 모두다 나에게는 '예수님의 흔적'이 된다. 성경 갈라디아 6장 17절에는 "내가 내 몸에 예수의 흔적을 가졌노라." 라는 말씀이 기록되어져 있다.

이 말씀 중에서 '흔적'이라는 말은 영어로 stigma 로써, 이 말은 그리스어인 '스티그마타'에서 유래되었는데, 옛날에 노예나 죄수의 몸에 불로 뜨겁게 달군 쇠도장으로 도장을 찍는, 즉 '낙인'을 의미한다. 그리고 이 말은 이천년 전 로마의 군대에서 군인들의 몸에 소속 부대장의 이름을 '낙인'으로 찍어서 누구의 부하이며, 소속은 어디인가를 확실히 하는 일종의 도장이었는데, 이 도장 속에는 죽을 때까지 변함없는 충성을 하겠다는 흔들리지 않는 맹세가 들어 있는 것이다.

지난날 주님을 거스리고 반항했던, 많은 허물이 있음에도 불구하고, 내 몸에 영원토록 지워지지 않는 거룩한 낙인인 십자가의 흔적과 사랑의 징표를 허락하신 주님의 은혜를 감사하며 오늘도 다시한번 충성을 다짐해 본다.

6. 마지막 불꽃을 태우리라

이제 내 나이 62세. 거의 30년의 젊은 날 삶의 의미를 찾기 위하여 많은 방황을 했지만 주님을 만난 이후 30년 동안은 늘 주님과 동행하기를 힘쓰며 진실하게 살기를 노력해 왔다.

이제 남은 생애를 과연 어떻게 살아야 할 것인가의 문제는 매우 중요하다. 지나온 세월의 수고와 애씀은 반드시 열매로 나타나기 때문이다. 생명은 하나님의 손 안에 있기에 나의 남은 생애가 얼마나 될런지는 알 수 없지만 힘차게 주의 일을 할 수 있는 시간은 앞으로 약 10년이라 생각한다.

이 귀중한 시기에 내가 최선을 다 할 일이 몇 가지 있다.

가장 간절히 원하는 것은 〈간증집회〉를 인도하는 것이다.

나의 삶속에 놀랍게 역사하신 하나님의 손길과 사랑을 많은 사람들에게 전함으로서 믿는 사람들에게 위로와 용기를 주고, 믿지 않는 사람들은 구원과 생명으로 인도하기 위함이다.

그리고 〈책을 쓰는 것〉이다. 이것은 꼭 설교집을 의미하진 않는다. 하나님께서 오랫동안 관주성경을 보게 하셨고 많은 깨달음을 주셨던 은혜들을 이 땅 위의 많은 성도들과 나누고 싶은 것이다.

마지막 소원은 이 땅의 〈많은 가정〉들을 회복시키는 것이다. 가정천국은 심령천국과 교회천국의 중간에 있으면서 이 땅 위에 천국을 건설하는데 매우 중요한 역할을 하는 곳이다. 그러나 오늘날 많은 가정들이 심하게 오염되고 흔들리고 있다. 그러므로 그 흔들리는 많은 가정들을 건강하고 굳건한 가정으로 회복시켜 주고 싶은 것이다.

이제 나의 생애 속에 역사하신 하나님의 손길에 대한 간증의 막을 내려야 할 것 같다.

나는 이 간증을 쓰면서 언제부터 하나님의 은혜가 나에게 넘쳐나서 주님의 일에 뜨거운 마음을 갖게 되었는가를 생각해 보았다. 그것은 35년 전 오산리 기도원에서 하나님을 직접 만난 뒤부터였다.

에스겔 골짜기의 마른 뼈같이 죽어 있던 내 육체와 삶 속에 하늘의 밝은 빛이 비춰는 순간 나의 영혼에는 생명이 넘쳐 났다. 나는 그 놀라운 은혜를 〈생명의 불꽃〉이라고 표현한다. 그 뜨거운 불길이 있었기에 부족한 사람이 여의도 순복음교회에서 16년을 충성할 수 있었고 아는 사람 한 사람도 없던 청주에서 교회를 개척할 수 있었다.

그런데 참으로 놀라운 것은 내 나이 60이 넘었음에도 내 생명의 불꽃은 결코 사라지지 않았을 뿐만 아니라 오히려 점점 뜨겁게 타오르고 있다는 사실이다.

그러므로 나는 요즘 이렇게 간절히 기도한다.

"부족한 종의 영혼에 생명의 불꽃을 허락하신 주여! 그 불을 주신 분이 주님이시오니 … 그 불이 꺼지기 전에 이 종을 사용하여

서, 슬픔과 어둠속에 있는 많은 영혼들을 주님께로 인도하게 하옵소서. 아멘"

7. 미완성이 아름다움입니다.

예수님은 육신으로 오셨지만 동시에 하나님이시기에 모든 일을 완벽하게 행하시며 완전하게 이루신다. 그러나 인간은 모두 연약하기에 모든 일을 완전히 행할 수는 없는 것이다. 위대한 음악가인 W. 모차르트의 레퀴엠(Requiem:진혼미사곡)이 유명한 것은 그 곡이 아름답고 장엄한 이유도 있지만, 그 곡이 미완성으로 끝이 났기 때문이다.

하나님은 인간이 흙으로 만들어진 존재이기에 넘어지고 부서질 수밖에 없다는 것을 잘 알고 계신다. 그렇기 때문에 하나님은 하나님의 자녀들에게 완전한 것을 요구하시지 않는다. 다만 진실한 마음과 최선을 다하는 자세만 있으면 기뻐하시는 것이다.

이제 나는 이 간증을 끝맺으려 한다.

내가 만일 지혜로운 사람이라면 나의 부끄러운 지난날의 방황과 여러 가지 일들을 이렇게 글로 쓰거나 남기지는 않았을 것이다. 하지만 내가 얼마나 부족한 사람인가를 잘 알고 계시는 주님의 넉넉한 사랑이 있었기에 용기를 낼 수 있었고 펜을 잡을 수 있었다.

이제 이 간증은 내 손에서 떠나려고 한다.

그러므로 나의 모든 간증은 더 이상 내 개인의 소유물이 아니라 이 글을 읽는 모든 사람들의 것이 될 것이다.

얼마나 많은 사람들이 이 글을 읽고 은혜를 나누게 될지는 알 수가 없다. 그렇지만 나는 지난 날 울고 웃던 내 인생의 아픔과 감동을 주님 안에서 함께 나눌 수 있는 사람들이 이 땅위에 있다는 사실만으로도 말할 수 없이 기쁘다. 왜냐하면 나의 간증은 분명 그들에게 작은 빛과 작은 별이 될 것이기 때문이다.

벌써 죽어야 할 사람이 이렇게 35년이 넘도록 살아 있다는 것은 분명히 하나님의 뜻 안에서 이유가 있을 것이다. 내 인생의 뒤 늦은 때에 지난 날 나의 삶에 다가왔던 하나님의 손길에 대하여 이렇게 간증을 쓴 것도 그 이유 중에 하나라고 생각한다.

이 모든 간증은 기도하는 마음으로 진실하게 썼다. 그러므로 이제야 주님께 받은 사랑의 빚을 조금 갚은것 같아서 〈내 영혼의 발〉을 뻗고 편안한 잠을 잘 수 있을 것만 같다.

나는 이제 이 간증책을, 평생동안 나의 삶을 인도해 주신 하나님과 부족한 나를 위해 늘 기도해주신 모든 분들께 바친다.

그리고 간절히 소원한다.

이 간증이 이 땅 위의 많은 사람들 중에서, 여러 가지 이유로 〈고통받는 사람들〉에게 큰 위로와 기쁨이 되기를!

'인생의 의미를 잃어버린 사람들 …
병상에서 신음하는 사람들 …
가정적으로 아픔을 겪는 사람들 …
방황하는 많은 젊은이들 …
 갑자기 큰 고통을 만난 사람들 …
신앙적 갈등으로 고민하는 사람들 …
 그리고 절망 속에서 죽음을 생각하는 사람들까지도 …'

에필로그

잃어버린것들을 찾아서

 이 세상을 살아가다 보면 때로는 이해할 수 없는 일들을 만나게 된다. 그 중에서도 내가 정말 이해할 수 없는 한 가지는, 많은 사람들이 인생을 살아가면서 매우 귀중한 것을 잃어버렸음에도 불구하고 아예 찾으려고 하지 않는다는 사실이다.
 어떤 사람이 길을 걸어가다가 돈을 잃어버린 것을 알게 되면, "어디에서 잃어 버렸을까?"를 생각한 후에 열심히 찾는 것이 당연하다. 그 안타까움은 100만원을 잃어 버렸을 때와 1억원을 잃어 버렸을 때가 전혀 달라진다. 만일 어떤 사람이 큰 돈을 잃어 버렸는데도 전혀 찾으려고 하지 않는다면 분명 그 사람은 무언가 잘못된 것이다.

 그런데 이 세상에는 이와 비슷한 삶을 살아가는 사람들이 의외로 많다.
 많은 재물을 잃어 버리고 … 가정의 행복을 잃어 버리고 … 건강을 잃어 버리고 … 인생의 의미와 꿈을 잃어 버리고 … 평안과 기쁨도 잃어 버리고 … 마지막 자존심조차 잃어 버린 채 … 아예 찾을 생각도 하지 않고서 그럭저럭 살아가고 있는 것이다.

물론 이유는 있다. 어디에서 찾아야 할지 알 수가 없고 … 너무나 많은 것을 잃어버리다 보니 체념할 수 도 있다. 그러나 우리가 잊지 말아야 할 것은 우리가 세상에서 무엇을 잃어 버렸던지 반드시 그 잃어버린 분량보다는 갑절의 축복을 찾아야 한다는 사실이다. 왜냐하면 그때 비로소 우리의 텅빈 가슴을 웃음으로 채울 수 있고 상처받은 마음에 큰 위로를 얻을 수 있기 때문이다.

나는 예수 믿기 전 세상에 살 때에 너무 많은 것을 잃어 버렸다.
내일의 꿈도 … 기쁨도 … 삶의 목적도 …
그러나 예수님을 믿은 후 십자가 아래에서 많은 것을 찾았다.
건강을 … 삶의 의미를 … 행복한 가정을 … 찬란한 꿈을 … 특별히 주의 종이 되는 놀라운 은총을 …

이 놀라운 인생 역전은 교통사고라는 큰 시련을 통하여 다가 왔지만 지금 돌아보면 그것은 나를 주님 앞에 엎드리게 하시는 크신 은혜의 과정이었고 놀라운 사랑이었다.

나는 이 간증을 쓰면서 나 스스로가 많은 은혜를 받았다.
그동안 잊고 있었던 하나님의 은총에 대한 새로운 기억 …
지난 날 가슴 아팠던 내 과거와의 아름다운 화해 …
주님께 받은 놀라운 사랑을 보답하지 못함에 대한 부끄러움과 회개 …

작은 우리 가정을 주님의 뜻을 위하여 사용하시는 섭리에 대한 감사 …

그리고 각각 서로 분리되어 있던 내 삶의 많은 조각과 기억들이 하나님의 사랑 안에서 하나의 〈아름다운 그림〉으로 모아지는 기쁨은 정말 말로 표현할 수 없는 가슴 뭉클함이었다.

이 간증책 속에는 내가 직접, 간접으로 체험한 크고 작은 약 20 가지의 기적들이 기록되어 있다. 그러므로 이 글을 읽는 사람들은, 하나님이 고집 세고 비틀거리던 한 젊은이를, 얼마나 사랑하셨으며 어떻게 변화시켰고 어떻게 사용하셨으며 어떻게 복된 길로 인도하셨는가를 발견할 뿐만 아니라, 나의 전 생애를 인도하신 하나님의 손길을 느꼈으리라고 확신한다.

이제 나의 인생을 광야로 끝나지 않게 하시고 젖과 꿀이 흐르는 땅으로 바꾸신 하나님 … 나의 인생을 폭풍으로 끝나지 않게 하시고 아름다운 무지개로 바꾸신 하나님 … 나의 인생을 긴 한숨으로 끝나지 않게 하시고 춤과 노래로 바꾸신 하나님을 찬양한다.

그리고 오늘의 내가 있기까지 아낌없는 사랑과 기도로 밀어주신 모든 분들께 진심으로 감사 드린다. 나의 부모님과 형제들 … 조용기 목사님과 여의도 순복음교회 성도님들 … 많은 선후배 동역자들 … 내가 사랑하는 십자교회 성도님들 … 특별히 나를 돕기 위하여 모든 것을 포기한 채 언제나 내 곁에 머무르며 내조한 사랑하는 아내 원미혜 사모와, 십자가의 길을 걷는 나를 바라보며 끝까지 순종과 인내로 따라와 준 아들 사무엘과 딸 이례에게 뜨거운 사랑을 보낸다.

끝으로 나를 위하여 40년이 넘도록 오전 금식하시며 기도해 주심으로 내 속에 예수님의 생명을 불어 넣으시고, 이 간증의 산 증인이 되신 후, 지난해에 하나님 품에 안기신 나의 사랑하는 어머니 장경화 전도사님에게 뜨거운 감사를 드린다.

"구하라 그러면 너희에게 주실것이요 찾으라 그러면 찾을것이요
 문을 두드리라 그러면 너희에게 열릴것이니 구하는 이마다 얻을것이요, 찾는 이가 찾을것이요, 두드리는 이에게 열릴것이니라"
 (마태복음 7:7-8)

하나님의 영광을 우러러 보며 …

대입을 앞둔 크리스천 학생과 학부모에게! 교회학교 부흥을 원하는 목회자에게!

크딩들이여, 화이팅!

편집부 지음 / 신국판 / 240쪽 / 값10,000원

- 크리스천 학생(크딩)들이 교회생활도 잘하고 입시준비도 잘해서 SKY+대에 입학한 평범한 학생 11명의 신앙생활과 공부비법 소개!
- 다양한 공부 방법을 통해 자신에게 맞는 공부 방법 찾기!
- 대입을 앞둔 학생과 학부모에게!
- 교회학교 부흥을 원하는 목회자에게!

"… 마귀를 대적하라! 그리하면 너희를 피하리라" - 야고보서 4장7절

선포(명령)기도문

김경란 지음 / 포켓판 / 128쪽 / 값4,000원

이 책은 기도에 대해 어려움을 가지거나,
기도생활에 활력을 얻기를 원하거나,
응답을 받지 못해 낙심하거나, 포기하고 싶거나,
하나님의 임재와 능력을 경험하기 원하는
가족, 친척, 이웃들과 모든 그리스도인들에게
실제적이고 효력있는 기도의 도구가 될 것입니다.

EBS-TV, CTS-TV 출연!

아들아, 엄마가 미안해

김성애 지음 / 신국판 / 192쪽 / 값10,000원

가수 김장훈 과 엄마 김성애 목사 가 지난날
서로 받은 상처, 실수, 아픔, 기쁨을 쓴 것으로
모든 부모와 자녀에게 주는 화해/용서/비전을 위한 책!

일년 내내 성경말씀과 함께 자녀를 축복하며 안수하십시오!

365일 자녀 축복 안수 기도문

정요섭 지음 / 국반판 / 400쪽 / 값9,500원

- 아침에 일어나서 자녀의 머리에 손을 얹어 안수 기도해 주
  십시오.
  기도해 주는 부모가 있다면 그 자녀는 결코 잘 됩니다!
- 1년 365일 내내 성경말씀과 함께
  자녀를 축복하는 안수기도할 때의 기도문!

주여, 저를 이토록 사랑하셨습니까!

지은이 | 초진수
발행인 | 김용호
발행처 | 나침반출판사

초판 1쇄 발행 | 2012년 10월 1일

등 록 | 1980년 3월 18일 / 제 2-32호
주 소 | 157-861 서울 강서구 염창동 240-21
　　　　블루나인 비즈니스센터 B동 1607호
전 화 | 본　사(02)2279-6321
　　　　영업부(031)932-3205
팩 스 | 본　사(02)2275-6003
　　　　영업부(031)932-3207

홈페이지 | www.nabook.net
이 메 일 | nabook@korea.com
　　　　　nabook@nabook.net

ISBN 978-89-318-1446-0
책번호 가-9036

값은 뒷표지에 있습니다.